*RUTH BLUM*

SCHULSTUBENJAHRE

*RUTH BLUM*

# SCHULSTUBENJAHRE

*VERLAG PETER MEILI SCHAFFHAUSEN*

*1976*

1. Auflage 1–6 Tausend
© Verlegt 1976 bei Peter Meili
CH-8200 Schaffhausen
Printed in Switzerland by Meier+Cie AG
ISBN 3-85805-051-2

*VORWORT*

Dieser letzte Band der Erinnerungen war ursprünglich nur für die lokale Zeitung, den «Wochen Express» von Schaffhausen, gedacht. Ruth Blum äusserte sich in diesem Sinne Freunden und den Redaktoren gegenüber. Sie erlebte noch die ersten zwei Fortsetzungen im «Wochen Express», und das spontane positive Echo beim Publikum bewog Ruth Blum, die Herausgabe in Buchform zu befürworten, obwohl das Lokalkolorit die Lektüre für den auswärtigen Leser etwas erschwert.

Ganz besonderer Dank gebührt Fräulein Ingeborg Binde und Frau Emmi Furrer, welche die Diktate Ruth Blums aufgenommen haben, die Dichterin während der letzten Monate betreuen halfen und ihr so diese Niederschrift ermöglichten.

Peter Meili

*EIN SPÄTES SCHULJAHR*

Jeder Schriftsteller ist zu bedauern, dessen erstes Buch aussergewöhnlichen Erfolg hat. Alles, was er später schreibt, wird am gelungenen Erstling gemessen. Wehe dem Unglücklichen, dessen zweites Werk den Erwartungen seiner Leserschaft nicht mehr genügt! Und wenn auch das dritte die Scharte nicht auszuwetzen vermag, ist sein literarisches Fortkommen ernsthaft in Frage gestellt. Dieses Schicksal ist mir zuteil geworden. Als die Geschichte meiner Kindheit, «Blauer Himmel, grüne Erde», Anfang des Zweiten Weltkrieges erschien, in einer Zeit, da sich der schweizerische Leser fast vollständig auf sein helvetisches Schrifttum verwiesen sah und dieses im Zeichen der geistigen Landesverteidigung ehrte, wurde mein «Blauer Himmel» in der ganzen Schweizer Presse gelobt. Bald aber zeigte sich, dass meine weiteren Publikationen von geringerer literarischer Aussagekraft waren, und fast in jeder Kritik musste ich den bitteren Satz lesen: «Leider gefällt dieses neue Buch nicht im gleichen Masse wie das erste.» Das wurde mir mit der Zeit zu einer schweren seelischen Belastung. Offenbar, sagte ich mir, gehörte ich zu jenen literarischen Einzelgängern, deren erstes Buch das beste ist, das einzige auch, das bleibt. Was nun weiter? Vom Feuilleton- und Artikelschreiben konnte ich bei den damaligen schlechten Honorierungen nicht leben, zumal ich für eine alternde Mutter zu sorgen hatte. Dieses journalistische Tun befriedigte mich auch nicht. Die Zukunft stand dunkel vor mir.

Damals herrschte im ganzen Land Lehrermangel, zuerst während des Krieges, als unsere Schulmeister Aktivdienst leisteten, vermindert auch noch in den nachfolgenden Jahren, als wegen des vorangegangenen Lehrerüberflusses die Seminarklassen kleiner geworden waren, die Bevölkerungszunahme aber grösser. Die Kindergärten überbordeten; eine Lawine von Nachwuchs kam jetzt auf die Lehrerschaft zu. Da musste ich mir oft sagen lassen: «Wie schade, dass du im Frühling 1933 deine Lehrerausbildung nicht abgeschlossen hast! Jetzt fändest du mit Leichtigkeit als Schulmeisterin dein gutes Fortkommen.» Das gab mir jedesmal einen Reuestich ins Herz. Ganz davon abgesehen, hatte ich mich mit Kindern immer gut verstanden und rasch den Zugang zu ihren Herzen gefunden. In den Familien meiner Bekannten und Verwandten wurde ich stets als eine Art Kindertante willkommen geheissen, und mit nie versiegender Freude betätigte ich mich als Geschichtenerzählerin. Immer wieder warfen die Eltern meiner kleinen Freunde die Frage auf, ob sich das Versäumte nicht nachholen liesse. Etwas schreiben, meinten sie, könne ich auch als Lehrerin, bequem sei ich zum Glück nie gewesen. Das gab mir mehr und mehr zu denken. Und eines Tages war es soweit. Ich bat ungeachtet meines «hohen» Alters von 35 Jahren um Wiederaufnahme in dieselbe Schule, deren Bänke ich in meiner Jugend gedrückt hatte. Meinem Gesuch wurde entsprochen, am 3. Januar 1949 fing ich meine zweite Seminarzeit an.

\*

Während der ersten drei Monate meines neuen Schullebens sass ich als Repetentin im gleichen Klassenzimmer, das ich vor 16 Jahren infolge einer Kurzschlusshandlung verlassen hatte. Nach den Frühlingsferien bestand ich die Aufnahmeprüfung, die mich zum regulären Eintritt in die vierte, damals noch letzte Seminarklasse ermächtigte. Eine erste Hürde war genommen.

An dieses letzte Schuljahr denke ich mit Stolz und Heiterkeit zurück. Mit Stolz, weil ich die Kraft und den Willen aufbrachte, mit bereits angegrauten Schläfen alle Mühseligkeiten eines Schulmädchens auf mich zu nehmen und durchzuhalten. Mit Heiterkeit in Anbetracht der wunderlichen Situation, in die ich mich durch meinen kühnen Entschluss begeben hatte. Biologisch hätte ich die Mutter meiner neuen Schulkameraden sein können. Es waren fünf Jünglinge und fünf Töchter zwischen achtzehn und neunzehn Jahren, also eine recht kleine Klasse, in der ich mich rasch zu Hause fühlte. Erst redeten mich meine neuen Mitschüler ehrfurchtsvoll mit «Sie» und «Fräulein» an. Nach der Aufnahmeprüfung aber ertränkten wir alle Formalitäten in etlichen Gläsern Weines, die ich meinen jungen Klassengenossen spendete. Ich erklärte ihnen, dass ich ungeachtet grauer Haarsträhnen und einer beträchtlichen Körperfülle fortan für die Dauer eines Jahres auf Gedeih und Verderb zu ihnen gehöre und darum keine Sonderstellung wünsche. So machten wir fröhlich Schmollis miteinander und hielten inskünftig durch dick und dünn zusammen. Einige von ihnen sind mir bis zum heutigen Tag treue Freunde geblieben.

Damals erlebte ich, was es bedeutet, in reifen Jahren lernen zu dürfen, dann, wenn Erfahrung und Verständnis uns begierig machen, Schulwissen nicht nur flüchtig aufzunehmen, sondern zu vertiefen und zu durchdringen. Das war mehr als ein Lernen um guter Schulnoten willen, nämlich ein echtes Bedürfnis nach kulturellem und geistigem Gewinn. Wir hatten ausgezeichnete Lehrer, die zum Teil hohe Ansprüche an uns stellten, besonders in den psychologischen und methodischen Fächern. Fasziniert setzte ich mich auseinander mit der Jungschen Psychologie, mit Interesse verfolgte ich die Geschichte der Pädagogik. Die Praxisstunden, in denen ich mich zum erstenmal mit Schulkindern zu beschäftigen hatte, erfüllten mich mit wachsender Freude, um so mehr als erprobte Schulmänner der besten alten Schule uns leiteten. Die Deutschstunden, anspruchsvoll gestaltet, wurden zum Hochgenuss. Sie sprachen mich, die gewesene Schriftstellerin, besonders an. Zugleich aber verbanden sie sich mit dem hübschen Umstand, dass der neue Deutschlehrer ein ehemaliger Klassenkamerad aus meiner ersten Kantonsschulzeit war, einer jener reizenden Zierbengel, von denen ich in meinem Buch «Die grauen Steine» schrieb, dass sie in ihren blauen Blazern mit goldenen Knöpfen als halbe Olympier durch die Weltgeschichte wandelten. Ich hatte immer die grösste Mühe, ihn nicht zu duzen und mit seinem alten Verbindungsnamen anzusprechen. Die Titulierung «Herr Doktor» ging mir recht mühsam über die Lippen. Immer wieder dachte ich lächelnd daran, wie er achtzehn Jahre früher eines Morgens mit schiefgedrückter Nase im Unterricht erschienen war. Die hatte er sich beim Boxen geholt – und jetzt war aus dem einstigen Sportler ein feinfühliger Ästhet geworden, der uns mit Würde und Wissen in Goethes «Faust» einführte. So wandlungsfähig ist der Mensch!

Meine neuen Lehrer kamen mir mit viel Verständnis und Wohlwollen entgegen. Ich dankte ihnen dafür mit Ausdauer, Fleiss und einem sittsamen Verhalten, das bei der einstigen Ausüberin einer brotlosen Kunst, die einige stürmische Bohemejahre hinter sich hatte, nicht unbedingt selbstverständlich war. Nun, da ich mich entschlossen hatte, Lehrerin zu werden, wollte ich auch ernsthafte Erzieherin sein. Das bedingte den endgültigen Abschied von mancher freien Lebensgewohnheit. Und von den hellen Kinderaugen, die mir während der Praxisstunden entgegenleuchteten, ging eine Kraft aus, die mich beglückte und viel Chaotisches in mir entwirrte. Ein berufener Lehrer, so wurde mir bewusst, muss gleichzeitig menschliches Vorbild sein, eine liebende Vater- oder Muttergestalt. Diesem Ideal nachzustreben war mein ehrliches Verlangen. Auch hier: So wandelbar ist der Mensch, wenn er sich in Goethischem Sinne strebend bemüht.

Aber mit edlen Vorsätzen war in diesem einzigartigen Schuljahr nicht alles getan. Da gab es grosse Schwierigkeiten zu überwinden. Die Turnstunde zum Beispiel hatte mich schon in der Jugend manch sauren Schweisstropfen gekostet, da meine Lippen immer behender gewesen waren als meine Glieder. Jetzt hatte ich, auf der Schwelle zum Matronenalter und mit all meinen überflüssigen Fettpolstern, jede körperliche Übung mit verdoppelter Anstrengung zu bewältigen. Ich staune heute noch, dass weder der Turnlehrer noch meine jungen Mitschüler den alten Tolpatsch in ihrer Mitte laut belachten. Mit Musikalität war ich auch nicht gesegnet und geriet im Schulgesang stets in Gefahr, von der zweiten in die erste Stimme abzugleiten. Und vom Talent des Grossvaters, der sich seinerzeit in der Bleulerschen Malschule im Schloss Laufen am Rheinfall zum Maler ausgebildet hatte – auf ganz ähnliche Art und Weise wie der Grüne Heinrich bei Meister Haberstich –, war mir leider herzlich wenig zuteil geworden. Als ich einmal beim Wandtafelzeichnen mit grosser Inbrunst eine Moorlandschaft wiedergeben wollte, in deren Vordergrund nach meiner Ansicht eine prachtvolle Lorbeerweide prangte, meinte der Zeichnungslehrer lächelnd: «Seltsam, seltsam, dass da zwischen Wassertümpeln und ‹Kanonenputzern› ' eine Kokospalme steht.»

Aber was waren alle diese Nöte, verglichen mit der grossen Qual Mathematik, die mir schon zwei Jahrzehnte früher die Mittelschule vergällt hatte! Da vermochte alle Lebenserfahrung, alles redliche Bemühen nicht Wunder zu wirken und fehlende Begabungen herbeizuhexen. Wo nichts ist, hat der Kaiser sein Recht verloren, und was Algebra und Geometrie anbelangte, war Fortuna noch bösartiger an meiner Wiege vorbeigegangen als gewisse Musen. Das wenige, das ich mir vor vielen Jahren in meiner ersten Mittelschulzeit unter Schweiss und Tränen einverleibt hatte, war mir inzwischen gänzlich abhanden gekommen. Beim Schuleintritt im Januar 1949 war ich nicht einmal mehr imstande, eine Gleichung ersten Grades zu lösen. Und nun sollte ich binnen eines einzigen Jahres den ganzen mathematischen Stoff nachholen, Trigonometrie, Goniometrie, Stereometrie, algebraische und geometrische Reihen usw. In Anbetracht meiner mathematischen Unfähigkeit ein fast aberwitziges Unterfangen. Jede freie Stunde, sonntags und werktags, sass ich stöhnend hinter mathematischen Aufgabenbüchern, und niemals wäre ich ohne gütige Hilfe zu Rande gekommen. Der Mathematiklehrer meiner ersten Seminarzeit nahm sich mit grosser Geduld meiner an und erteilte mir in mancher Zwischenstunde unentgeltlich Privatunterricht. Es war mir gerade noch vergönnt, ihm auf Weihnachten ein Paket mit Klettgauer Bauernspezialitäten zukommen zu lassen. Dann erkrankte er und starb. Selten habe ich über den Tod eines Menschen aufrichtigere Tränen vergossen; denn ich wusste wohl, was ich an ihm verloren hatte. Ich trauerte nicht nur um den Verlust eines unersetzbaren Präzeptors, mit dessen Beistand ich die mathematische Prüfung im Frühling zu bestehen gehofft hatte, sondern ebenso um einen vornehmen, väterlichen Menschen von grosser Güte und Hilfsbereitschaft. Nun musste ich ohne diese starke Hand weitergehen. Zum Glück waren ein Reallehrer und zwei Mitschüler bereit, mir auf der entscheidenden Endstrecke beizustehen. Doch unter welchen Mühen legte ich diese zurück! Überschlage ich in der Nachschau den Zeitaufwand, den ich zur Durchdringung des mathematischen Dschungels benötigte, kann ich nur den Kopf schütteln.

Ein ganzes Jahr lang opferte ich zwei Drittel meiner Aufgabenzeit für einen abstrakten Wissenskram, von dem ich zum vornherein wusste, dass ich ihn in meinem späteren Schulmeisterleben nie brauchen würde.

Im restlichen Drittel aber musste ich alles unterbringen, was der Lehrerberuf dringend verlangte: Sprache, Pädagogik, Psychologie, Methodik, Praxis. Wenige Jahre später gewährte man an vielen Orten der Schweiz spätberufenen Lehramtskandidaten in Sonderkursen ein mathematisches Minimum. Mir wurde keine solche Erleichterung zugestanden. Ich hatte paragraphengetreu in allen Fächern genau dasselbe Pensum zu erfüllen wie meine jungen Mitschüler. Nachträglich bin ich darüber froh. Es war ehrlich und redlich verdient, das gute Lehrerdiplom, das ich so am Ende dieses unvergesslichen letzten Schuljahres in Empfang nahm, in welchem mich die Glanznoten in sprachlichen und pädagogischen Fächern fast weniger freuten als der triste Dreier in Mathematik. Denn es war ein um eine Viertelnote abgerundeter Dreier, was mich mit besonderer Genugtuung erfüllte.

Nichts, aber auch gar nichts hatte man mir schenken müssen! Wie lebte mein angestammter Bauernstolz wohl daran, dass ich dieses Malefizfach aus eigenen Kräften zu bezwingen vermocht hatte. Nun hatte ich doch noch jenem Drachen den Garaus gemacht, der mich vor bald zwei Jahrzehnten in die Flucht geschlagen. Damit war der Durchbruch zu einem neuen Leben gelungen. Nicht dass ich dabei den Himmel voller Bassgeigen hängen sah! Ich wusste wohl, was der Weg ins Lehramt mir auferlegte; strenge, regelmässige Arbeit, Selbstzucht, Abschied vom freien Künstlerleben. Ich war bereit, mein Bestes zu tun; aber wie würde es mit meiner Schriftstellerei weitergehen? Vollständig konnte ich das Schreiben nicht unterlassen, das stand trotz etlicher Misserfolge in mir fest. Immer wieder regte sich die Hoffnung, noch einmal ein gutes Buch schreiben zu dürfen. Wie aber sollte mir das während meiner Lehrtätigkeit gelingen? Meine Freunde waren optimistischer als ich. «Du wirst sehen», sagten sie, «die schöpferische Arbeit an der Jugend wird dir ganz neue Impulse verleihen und viele Kräfte in dir freimachen, die jetzt noch gebunden liegen. Denk auch an die vielen Ferien und freien Nachmittage, die dem Lehrerstand zugebilligt sind! Viele Vertreter der heutigen Schweizer Literatur sind von Beruf Schulmeister und finden immer noch die Möglichkeit, sich literarisch zu betätigen. Du bist vital genug, dasselbe zu tun.»

Ich glaubte es ihnen willig, nur allzuwillig.

\*

Im Frühling 1950 bestanden wir das Lehrerexamen. Abgesehen vom Turnen und der Mathematik bereitete es mir keine grosse Mühe. Sogar musikalisch ging es ordentlich. Ich klimperte mein hundertmal geübtes «Solo per il cembalo» von Johann Sebastian Bach ohne Fehler, vermutlich aber grässlich hölzern herunter, und beim Singen des schönen Mendelssohn-Liedes «Wisst ihr, wo ich gerne weil' in der Abendkühle» rieselte mir der Angstschweiss über das Gesicht; ich hatte nämlich vergessen, die Brille aufzusetzen, und sah weder Noten noch Worte genau. Es wundert mich geradezu, dass ich sowohl für das Klavierspielen wie für das Singen einen Fünfer bekam. In der Pädagogik hatte ich grosses Glück; ich wurde über August Hermann Francke abgefragt, und für den hatte ich eine eigenartige Schwäche. Eigenartig darum, weil meine skeptische und liberale Glaubenshaltung so ganz und gar nicht in einen pietistischen Rahmen passte. Ich war mir aber klar bewusst, welche lebensnotwendige Funktion der Pietismus im rationalistischen Zeitalter der obrigkeitlich diktierten Kirche erfüllte, und das warmherzige Verständnis Franckes für Waisenkinder, überhaupt für die Ärmsten der Armen, beeindruckte mich tief; denn nicht die Form der Lehre zählt, sondern die Werke, die ihr entspringen. Diese Überzeugung habe ich bis zum heutigen Tag bewahrt.

Wunderbar erging es mir auch in der Prüfung über deutsche Literatur. Das Pensum unserer Pflichtlektüre war, so beurteile ich es heute, sehr umfangreich und anspruchsvoll. Sogar ich, die Schriftstellerin, hatte – der leidigen Mathematik wegen – keine Zeit gefunden, alles Anbefohlene zu lesen. Am Abend vor dem Examen blätterte ich rein zufällig in Hölderlins Briefen. Dann kam am andern Morgen als erstes die Deutschprüfung, und wir durften die Blätter mit den Probetexten, deren Verfasser wir erkennen sollten, selber ziehen. Meines Familiennamens wegen kam ich als erster Prüfling an die Reihe. Meine Kameraden erzählten mir nachher, ihnen sei der kalte Schweiss ausgebrochen, während ich meine beiden Texte vorgelesen hätte. Nicht einer hatte dabei die blasseste Ahnung, aus welchen Werken sie stammten. Mir aber stand offensichtlich Fortuna zur Seite. Für den ersten Leseausschnitt gab ich sofort den Namen Jeremias Gotthelf an, obschon in den wenigen Sätzen kein einziges Dialektwort vorkam, wohl aber der typisch schweizerische Ausdruck «Futtergang». Und am Satz von den Blutflecken, die «unauslöschlich bleiben von Geschlecht zu Geschlecht», merkte ich, dass es sich um die Erzählung «Die schwarze Spinne» handeln musste. Es stimmte. Das zweite Prosastück brauchte ich, der vornächtlichen Lektüre wegen, nicht einmal zu Ende zu lesen und konnte schon sieghaft ins Klassenzimmer hinaustrompeten: «Aus einem Hölderlin-Brief aus Hauptwil.» Einige Wochen darauf leistete ich mir den Spass, die beiden Textproben am Stammtisch der Zürcher Literaten zirkulieren zu lassen. Die Herren, von denen die meisten schon verschiedene Literaturpreise empfangen hatten, schnitten ziemlich bescheiden ab. Ein einziger tippte bei Hölderlin auf einen Romantiker, und der «Schwarzen Spinne» kam überhaupt nur Hermann Hiltbrunner, der wie ich auf dem Lande aufgewachsen war, ebenfalls mit Hilfe des bäuerlichen «Futterganges», auf die Spur.

*

Nach Abschluss des Examens luden wir unsere Professoren zu einem bescheidenen Nachtessen ein. Zur Kurzweil hatten wir uns etwas – wie uns schien – besonders Lustiges und Geistreiches ausgeheckt. Wir kehrten jetzt nämlich die Spiesse um und unterzogen unsere Präzeptoren einer scherzhaften Lehrerprüfung. Dem Deutschlehrer bürdeten wir eine quadratische Gleichung auf, wovon er sich flott salvierte mit der Bemerkung, er sei doch kein Esel im Quadrat, um sich nach den Mühen der vergangenen Tage dermassen geistig abzuquälen. Den Mathematiklehrer hiessen wir ein paar Freiübungen machen, die er trotz grauer Haare und Embonpoint grossartig meisterte. Der Turnlehrer, den wir über Amos Comenius ausquetschen wollten, roch vorher Lunte und empfahl sich mit der Begründung, er habe das Auto falsch parkiert und müsse schleunigst einen anderen Platz suchen. Den Methodiklehrer befragten wir über das Hauptproblem in Goethes «Wahlverwandtschaften», wobei sich herausstellte, dass er diesen Roman nie gelesen hatte. Das betrübte ihn um so mehr, als er im allgemeinen literarisch sehr beschlagen war. Den Gesanglehrer beauftragten wir, uns vorzumachen, wie er in einer ersten

Klasse den Buchstaben O einführen würde. Er quittierte uns die Zumutung so elegant mit einer kurzen Abhandlung über O-Beine, dass wir uns vor Lachen bogen. Am allergeistreichsten zog sich der Religionslehrer aus der Affäre. Wir wussten, dass er nicht besonders musikalisch war, und erlaubten uns gerade deshalb, ihn über Molltonarten zu examinieren. Der Schläuling setzte uns mit wenigen Worten schachmatt, indem er erklärte, die beiden einzigen Moltonarten, die er kenne, seien Tisch- und Bettmoltone. Damit hatten wir Jungen genug des grausamen Spiels getrieben, und zwischen Schülern und Lehrern herrschte wieder ungebrochene Heiterkeit. Einzig über dem Gesicht des Methodiklehrers blieb ein leichter Schatten liegen; er konnte und konnte sein Wahlverwandtschaften-Debakel nicht unter den Tisch wischen. Wir, seine Quälgeister, hatten leider nicht gewusst, dass er, längst nicht mehr der Jüngste, nach einem erschöpfenden Schulmeisterleben just in diesem Frühling am äussersten Ende seiner Kräfte stand und an diesem Abend unter heftigen Kopfschmerzen litt.

Ohne uns vorerst wegen seiner Kummermiene Sorgen zu machen, begaben wir uns nach Abschluss der bescheidenen Festlichkeit vor das Haus eines Biologielehrers und brachten diesem zu mitternächtlicher Stunde ein Ständchen. Wir hatten eine Einladung zum Kaffee erwartet, aber im verdunkelten Haus blieb trotz Gesang und Flötenklang alles stockdunkel, auch dann, als ein übermütiger Kamerad wohl zehnmal hintereinander den Deckel einer Sandkiste am Strassenrand kräftig auf- und zuschlug. Die Folge war ein Polizeirapport, der merkwürdigerweise alle Namen der Musikanten enthielt. Wer uns erkannt und denunziert hatte, erfuhren wir nie. Lachend bezahlten wir die kleine Busse. Weniger lachend begaben wir uns sofort nach den Frühlingsferien zum beleidigten Methodiklehrer, der unterdessen ernsthaft krank geworden war, und entschuldigten uns wegen der tolpatschigen Wahlverwandtschaften-Affäre. Er verzieh uns edelmütig. Wir aber begannen auf diese Art und Weise unsere erzieherische Laufbahn nicht sehr glorios mit einem Gang nach Canossa und einem Bussenzettel wegen Ruhestörung. Nichtsdestoweniger sind wir alle rechtschaffene Schulmeister geworden und die meisten von uns brave Familienväter und liebevolle Mütter.

*1. Teil*

## STELLVERTRETUNGEN

Nach den Frühlingsferien fing für uns der Ernst des Lebens an, und wir zerstreuten uns in alle vier Himmelsrichtungen. Es bestand in jenem Jahr ein schwacher Lehrerüberfluss, worunter vor allem die weiblichen Lehrkräfte litten. Unsere männlichen Kollegen wurden nach guter Schweizer Tradition zuerst berücksichtigt; wir Frauen mussten uns mit Stellvertretungen behelfen, sofern wir es nicht vorzogen, im Ausland unsere Sprachkenntnisse zu erweitern. Für mich hiess es natürlich, so rasch wie nur möglich ins Erwerbsleben einzusteigen. Da ich vorerst keine feste Anstellung fand, wanderte ich nun von einem Vikariat ins andere. Ich bereue es nie. Ich kam dabei im ganzen Kanton Schaffhausen herum und unterrichtete fast an allen Stufen der Elementarschule. Das war zwar anstrengend, aber äusserst lehrreich. Wohl lief vieles auf ein gefährliches Experimentieren hinaus, und ich brockte mir dabei manchen Misserfolg ein. Oft sagte ich seufzend zu mir selber: «Das Maultier sucht im Nebel seinen Weg!» Aber aus jedem Fehler zog ich heilsame Erfahrungen, und zum Glück war ich nie zu stolz, in besonders schwierigen Situationen erprobte Kollegen um gute

Ratschläge zu bitten. Diese hatte ich allerdings nötig; denn was wir damals im Seminar lernten, war, verglichen mit der heutigen Ausbildung, recht bescheiden. Wir hatten wohl eine solide Allgemeinbildung und wertvolle pädagogische Grundlagen erhalten, aber wenig Gelegenheit gefunden, uns praktisch zu betätigen. Nach meinem Dafürhalten jedoch machen weder lange Schulzeit noch raffinierte Methoden den «berufenen» Lehrer aus, sondern seine Persönlichkeit, sein erzieherisches Charisma. Das entbindet ihn gewiss nicht von der Aufgabe, unablässig an sich selbst zu arbeiten und sich weiterzubilden; denn das schönste pädagogische Naturtalent wird zum Leerlauf, wenn es sich nicht mit solidem Fachwissen und handwerklicher Fertigkeit vereint.

*

Für mich begann nun ein mühsames Ringen um die richtige Haltung zwischen Liebe und Autorität. Einerseits neigte ich zum gefühlshaft Emotionalen und hätte oft manchen ABC-Schützen am liebsten in die Arme geschlossen. Alle unausgelebten Muttergefühle regten sich. Anderseits war ich nach Ansicht meiner verstorbenen Grossmutter ein ausgesprochen handfestes und streitbares Frauenzimmer, so recht die Nachfahrin unserer rebellischen Ahnen, die zwölf Jahre lang im «Wilchinger Handel» gegen die Obrigkeit gestritten hatten. Diese Spannung zwischen «Weich» und «Hart» hat mir mein Leben lang zu schaffen gegeben, nicht zuletzt in der Schulstube, nämlich in den Fragen der Disziplin. Dies vor allem am Anfang, bevor ich den rechten Mittelweg zwischen Liebe und Strenge gefunden hatte. Das Darbieten und Gestalten des Lehrstoffes hingegen bereitete mir weniger Sorgen, weil mir einige glückliche Eigenschaften zu Hilfe kamen, Organisationsbegabung, Humor und Lust am farbigen Erzählen. Und wie gerne würzte ich meine Lektionen mit einem kernigen Spass! Ein städtischer Schulpräsident sagte mir einmal: «Wenn man an Ihrem Schulzimmer vorbeigeht, hört man in der Regel drinnen lachen.»

Bei aller Fröhlichkeit aber verlangte ich von mir und meinen Schülern einen vollen Arbeitseinsatz; ich hätte ja keine Klettgauerin sein müssen. Schon mit sieben Jahren wurde ich zum Rebenhacken abkommandiert, und mit neun musste ich den Boden unserer riesigen Küche auf den Knien fegen, während die Grossmutter wie ein Zerberus hinter mir stand und mir keine Unachtsamkeit durchliess. Das war eine frühe Schulung, für die ich später dankbar war. Gelegentlich jedoch artete meine Arbeitsfreudigkeit auch ins Ärgerliche aus. Ich überforderte nicht nur mich, sondern viele meiner Schüler. Wie oft, wenn es in den städtischen Schulen viertel vor zwölf Uhr läutete und ich noch mitten im Diktieren war, brachte ich es fast nicht über mich, die Kinder die Feder ablegen zu lassen. Weder

Mutter noch Grossmutter eilten sofort beim Abendläuten aus dem Weinberg nach Hause; erst musste die angefangene Rebzeile in Ordnung gebracht sein. Die Angehörigen daheim konnten das Abendbrot ruhig eine halbe Stunde später einnehmen. In der Stadt aber warteten die Autobusse nicht, bis meine Schüler ihren Satz fertiggeschrieben hatten. Ich musste sie wohl oder übel rechtzeitig springen lassen.

Vorderhand war ich aber noch nicht Stadtschulmeisterin, liess mir überhaupt nicht träumen, jemals eine zu werden. Nach Herkunft und Naturverbundenheit konnte ich mich nur in einer Dorfschule walten sehen. Das wurde mir vorläufig auch gewährt. Fast alle Stellvertretungen führten mich in die Landschaft hinaus. Aber auch dort waren die Bauernkinder nicht so fügsam und biegsam, wie ich sie mir vorgestellt hatte, und schon am ersten Ort bekam ich harte Nüsse zu knacken. Die Mädchen spotteten über meine altmodische Frisur, und aus vielen Knabenaugen blickte mich eine eingefleischte Frauenfeindlichkeit an. Der Sohn des reichsten Landwirtes in der Gemeinde bot mir auf besonders unverschämte Art und Weise die Stirne. Als ich ihn dafür massregelte, erschien sein erboster Vater und las mir mit lauter Stimme die Leviten.

An einem andern Ort, wo ich gemeinsam eine fünfte und eine sechste Klasse zu betreuen hatte, wurde es noch schlimmer. Der kranke Lehrer, den ich vertrat, warnte mich zum voraus. «Es ist die reine Schwefelbande», sagte er, «die übelste Klasse, die ich seit Jahren unterrichte. Sie werden Ihre blauen Wunder erleben. Besonders vor dem kleinen Döbeli warne ich Sie. Der ist imstand, Ihnen den Haken zu stellen. Sollte er es zu arg treiben, holen Sie umgehend Hilfe beim Oberlehrer, damit ihn der übers Knie legen kann. Wir halten es in unserm Schulhaus noch mit der altbewährten handfesten Erziehung. Diese modernen Unterrichtsmethoden, bei denen man die Schüler mit Samthandschuhen anfassen muss, taugen nichts.» Ich nickte zustimmend, war aber fest entschlossen, Döbeli und Konsorten aus eigenen Kräften zu meistern. Das fehlte noch, dass eine Vorkämpferin für das Frauenstimmrecht männliche Hilfe anforderte! Wer gleiche Rechte verlangte, hatte auch gleiche Pflichten zu erfüllen, notfalls mit dem Haselstecken. Und recht hochgemut und kampflustig begann ich die Arbeit mit der sogenannten Schwefelbande. Abends kam ich nicht nur sehr verspätet, sondern auch recht kleinlaut nach Hause. Die Mutter blickte mich kritisch an. «Nun, wie ist es dir ergangen?» fragte sie. «Der kleine Döbeli hat schon geschossen», seufzte ich, «natürlich nur mit einem Käpselirevolver. Da habe ich ihm zwei Stunden Arrest aufgebrummt und mich damit am ärgsten bestraft, weil ich ihn so lange zu beaufsichtigen hatte. Wenn das so weitergeht, werden das drei nahrhafte Wochen werden!»

Es ging so weiter, zumindest in den nächsten Tagen. Die Kinder trieben allen nur erdenklichen Unfug, und am Freitag schoss der kleine Döbeli zum zweitenmal. Sollte ich jetzt doch den Oberlehrer holen? Nein! Ich verurteilte ihn zu sechs Seiten Strafaufgaben. Natürlich lieferte er mir am Samstag keine ab. Statt dessen platzte seine Mutter unangemeldet und ohne anzuklopfen mitten im Unterricht in die Schulstube und überschüttete mich mit Grobheiten. Eine Weibsperson, keifte sie, gehöre überhaupt nicht an diese Schulstufe. Ich weiss heute noch nicht, was mir die Kühnheit verlieh, die masslos Zürnende kurzerhand aus dem Klassenzimmer zu stossen und die Türe hinter ihr abzuschliessen. Und was geschah? Die ganze «Schwefelbande» klatschte in die Hände. Ich begriff nicht warum. «Ja, wissen Sie», sagte der blonde Hansli, «das haben Sie gut gemacht. Wehren muss man sich!»

Und von Stund an wurde das Verhältnis zwischen Lehrerin und Schülern besser, und der kleine Döbeli schoss kein drittesmal. Als ich dann von der inzwischen ganz erträglich gewordenen Gesellschaft Abschied nahm, war mein Pult aufs lieblichste geschmückt und mit Schokolade und Würsten befrachtet. Und der Klassenälteste, der bereits den Stimmbruch hatte (er war nämlich zweimal sitzengeblieben), schüttelte mir jovial die Hand und sagte: «Tschau, Grosmueter, bliib gsund!»

\*

Ich konnte mich aber nicht lange ergötzen an der Freude, dass ich ohne männliche Hilfe mit einer schwierigen Klasse zurechtgekommen war. Die nächste Stellvertretung sorgte dafür, dass mir der Kamm nicht schwoll. Man schickte mich zu einer fünften Klasse in der Stadt, was mich bei meiner Vorliebe fürs Landleben nur mässig freute. Aber ich brauchte Geld, und es stand mir nicht an, wählerisch zu sein. Und da waren sie nun, die Probleme, vor denen mir zum voraus bangte: verwöhnte Reicheleutesprösslinge, fremdsprachige Südländer und verwahrloste Schlüsselkinder, also eine äusserst schwierige Zusammensetzung, die mir grosse Sorgen verursachte. Die Doktors- und Direktorskinder waren sich ihrer gesellschaftlichen Stellung bereits sehr bewusst; mit den Italienern konnte ich nicht reden, da ich in der Schule nur Französisch und Englisch gelernt hatte, und viele «Schlüsselkinder» benahmen sich ausgesprochen asozial. Die grösste Mühe bereitete mir ein frühentwickeltes, vollbusiges Mädchen mit herausforderndem Gesichtsausdruck und lackierten Fingernägeln. Seine Leistungen waren schwach, sein Benehmen ungebärdig. Im Zimmer nebenan kämpfte ein anderer frischgebackener Schulmeister mit ähnlichen Problemen; er schlug sich mit pubertierenden Achtklässlern herum. In den Pausen schütteten wir uns gegenseitig das Herz aus. Sein besonderes Kreuz war ein überalterter Bursche mit kräftigem Bartwuchs, der im Schulhaus nur «der Schnäuzler» hiess. «Ein einziges schwarzes Schaf», seufzte mein Kollege, «vermag eine ganze Klasse aufzuhetzen. Offen gestanden, ich habe mir das Schulmeistern leichter vorgestellt.» – «Ich mir auch», antwortete ich, «stell dir vor, in meiner letzten Stellvertretung hat ein Frechdachs zweimal mit dem Käpselirevolver geschossen.» – «Und wie hast du reagiert?» – «Meines Erachtens mit einer durchaus massvollen Strafaufgabe; trotzdem machte mir seine Mutter einen Höllenkrach. Am Ende jedoch ging mit dieser Klasse alles ganz gut, und wir schieden in Minne. Es waren eben Landkinder mit gutem Kern trotz gelegentlicher Unbotmässigkeit. Hoffentlich bekomme ich bald eine feste Anstellung in einem Bauerndorf. Ich möchte so gern eine gemütvolle ländliche Lehrgotte werden.» – «Auf dem Land ist auch nicht alles rosig», sagte der junge Lehrer, «dort gibt es wieder ganz andere Schwierigkeiten. Da kannst du gründlich zwischen Hammer und Amboss geraten, wenn zwei Sippen miteinander verfeindet sind und du scheinbar den Sprössling der einen begünstigst. Und im Glashaus sitzest du auch. Das Rauchen kannst du dir dann schleunigst abgewöhnen. Es passt sowieso nicht zu deiner Urgrossmutterfrisur und noch weniger zur Werktagstracht, die du mit Vorliebe trägst. Ich für meine Person gehe lieber unter in der städtischen Anonymität.»

Als ich anderntags das Klassenzimmer betrat, sass die Vollbusige mit den roten Fingernägeln laut heulend in ihrer Bank. Erschrocken fragte ich nach ihrem Kummer. «Den kann ich Ihnen nur im Vertrauen mitteilen», stiess sie schluchzend hervor. Ich nahm das Mädchen mit mir in den Korridor hinaus und erfuhr dort eine höchst widerliche Geschichte. Der böse «Schnäuzler», berichtete das verstörte Geschöpf, habe ihm gestern abend in einem dunklen Hausflur der Vordergasse Gewalt antun wollen. Zum Glück habe es sich losreissen und entfliehen können. Das war nun allerdings dicke Post. Ich schickte das Kind wieder ins Schulzimmer zurück, klopfte «Schnäuzlers» Lehrer heraus und teilte ihm das Vorgefallene mit. «O weh», rief der Kollege, «da haben wir es ja mit einem sittlichen Delikt zu tun. Da werden wir am Ende noch den Jugendanwalt brauchen. Fürs erste jedoch will ich den Übeltäter ins Kreuzverhör nehmen.» Das tat er denn auch – und was stellte sich heraus? Alles andere als das, was die Anklägerin uns aufzubinden versuchte. Sie hatte den grossen Burschen seines spriessenden Schnurrbarts wegen so lange öffentlich gehänselt, bis der tief Gereizte sich zu einem an sich recht harmlosen Racheakt entschloss. Wohl stimmte es, dass seine Quälerin von ihm in einen dunklen Hausgang gelockt worden war; dort aber hatte er ihr lediglich ein bereitgestelltes Kübelchen Wasser über den Kopf gegossen. Und die verdorbene Phantasie des Mädchens hatte daraus einen Notzuchtversuch gemacht! Mürrisch gab sie ihre Lüge zu. Ich weiss nicht mehr, wie ich sie bestrafte.

Nur dies eine, dass ich mich in meinem Vorsatz, nie in der Stadt Lehrerin zu werden, neu bestärkt fühlte.

Meine Sehnsucht nach einem dörflichen Schulmeisterdasein erfüllte sich rasch, allerdings auch wieder nur aushilfsweise. Ich wurde für drei Monate an die Gesamtschule eines kleinen Bauerndorfes im oberen Kantonsteil beordert. Dort hatte ich im frisch renovierten Schulhäuslein die ganze Schuljugend zu unterrichten, dreiundzwanzig Knaben und Mädchen zwischen sieben und fünfzehn Jahren. Da es im Dörflein kein eigentliches Gasthaus gab und keine Privatfamilie mir ein Zimmer anbot, musste ich mich notdürftig installieren in der leerstehenden Lehrerwohnung des Schulgebäudes. Ich schlug mein Logis in der geräumigen Wohnstube auf. Ein guter Bekannter sandte mir auf einem Lieferwägelchen ein altes Bett mit Inhalt, einen Tisch mit zwei Stühlen und einen abgetretenen Bodenteppich. Das war die ganze Ausstattung, mit der ich leidlich auskam, weil die Stube zum Glück einen grossen Wandschrank enthielt. Ich verschönerte den kahl wirkenden Raum mit billigen Vorhängen an den Fenstern, mit Bildern an den Wänden und mit einem gestickten Kissen auf dem zum Diwan umfunktionierten Bett. Die Küche wies zu meiner Erleichterung das erforderliche Mobiliar auf, und die Mutter musste mir lediglich etwas Geschirr und zwei Pfannen ausleihen. So lebte ich, nur mit dem Allernotwendigsten versehen, recht bescheiden, aber zufrieden in meinem neuen

Heim dahin, und nicht ein einziges Mal hatte ich Verlangen nach Radio oder Polstergruppe. In freien Stunden las ich Jeremias Gotthelf; oder ich wanderte zum nahen Waldrand empor und weidete Herz und Auge an der noch ganz unverdorbenen Hegaulandschaft, die sich zu meinen Füssen ausbreitete. Tief unter mir, zwischen goldenen Kornfeldern, silberte das schmale Band eines klaren Flüsschens, und nirgends qualmten Fabrikschornsteine. In greifbarer Nähe erhoben sich die prächtig profilierten Silhouetten längst erloschener Vulkane. Manchmal, wenn die Atmosphäre besonders klar war, blinkte mir sogar weit hinter dem Hohentwiel ein Stücklein Bodensee entgegen. Und am Horizont verschwammen in duftigen Konturen unbekannte blaue Höhenzüge, bei starker Föhnlage überstrahlt von den weissen Häuptern der schneebedeckten Ostalpen. Es war ein zutiefst romantisches Schauen in geheimnisvoll entrückte Fernen, die mich stets an gewisse Bilder von Caspar David Friedrich gemahnten.

Aber trotz Jeremias Gotthelf und Caspar David Friedrich befiel mich gelegentlich das Gefühl einer grossen Einsamkeit. Ich konnte die Mutter nur am freien Donnerstagnachmittag und am Wochenende besuchen. In der übrigen Zeit lebte ich recht eremitisch dahin, was für mein lebhaftes Temperament nicht immer leicht war. Mutterseelenallein sass ich mittags und abends am Küchentisch und verzehrte mein einfaches Mahl, sofern ich nicht vorzog, im einzigen Beizlein des Dorfes ein Stück Speck zu konsumieren. Aber anregende Gespräche gab es dort auch nicht, dafür den Anblick eines schwarz besprenkelten Fliegenfängers, der mir den Appetit verschlug. Dann schon lieber zwei Spiegeleier in meiner stillen Schulhausküche.

Wie froh wäre ich um etwas Geselligkeit gewesen, wie dankbar, wenn ich ab und zu in einer Bauernküche im Kreise fröhlicher Landleute eine knusprige Rösti hätte schmausen dürfen! Doch wunderselten nur wurde ich eingeladen, aus begreiflichen Gründen. Die Gerstenernte hatte bereits begonnen, und den Dorfbewohnern wuchs die Arbeit über den Kopf. Da hatten sie mit dem besten Willen keine Zeit, Gäste zu empfangen. Vielleicht glaubten sie auch, die Schulmeisterin würde mit ihrem schlichten Abendbrot nicht zufrieden sein. Auch der Herr Pfarrer, ein schüchterner Junggeselle, hatte kein christliches Mitleid mit der Einsiedlerin im Schulhäuslein. Er stand offensichtlich unter dem Pantoffel einer strengen Tante, die ihm den Haushalt führte. Ob die Dame fürchtete, die neue Lehrgotte könnte ihrem Liebling schöne Augen machen? Nur einmal wurde ich zu einer Tasse Tee eingeladen. Die begleitenden Gespräche waren aber nicht besonders anregend, und ich bedauerte nicht, dass es bei dieser einzigen Visite blieb. Pfarrersleute und Gast hatten eben sofort gemerkt, dass sie das geistige Heu nicht auf der gleichen Bühne hatten, und daraus richtigerweise die Konsequenzen gezogen.

Abgesehen vom gelegentlichen Einsamkeitskoller fühlte ich mich in meiner ländlichen Gesamtschule recht glücklich. Ja, ich glaube, die wenigen Wochen hier oben schenkten mir ein besonders fruchtbares Schulerlebnis. War das ein kurzweiliger Lehrbetrieb! Ich hatte zum Beispiel eine einzige Erstklässlerin, und die sechste Klasse fehlte vollständig. Die fünfte bestand lediglich aus zwei Knaben, von denen einer eine englische Mutter hatte und mit dem Deutschen noch als einer Fremdsprache rang. Die Erstklässlerin, ein sehr aufgewecktes Bauernmädchen, unterrichtete ich mit Erlaubnis ihrer Eltern im Alleingang, jeweils abends, wenn die andern Schüler fortgegangen waren. In kürzester Zeit beherrschte das intelligente Kind den Leseprozess und die Rechenkünste, die der Lehrplan für die erste Klasse verlangt. Es war mir ein Vergnügen, mit der lerneifrigen Kleinen arbeiten zu dürfen. Das reguläre Schulhalten indessen gab mir um einiges mehr zu tun; denn ich hatte ja in der Regel mehrere Klassen gleichzeitig zu beschäftigen. Das setzte eine straffe Organisation und ein sorgfältig durchdachtes Programm voraus. Während ich mich mit den einen Kindern mündlich unterhielt, mussten die andern sich schriftlich betätigen. Oft korrigierte und präparierte ich bis tief in die Nacht hinein. Dabei ging mir so recht auf, dass es nie und nimmer genügt, wenn ein Schulmeister gerade nur das zu unterrichtende Pensum beherrscht. Er muss aus dem vollen schöpfen können. Zu meiner

Freude war es um die Lehrerbibliothek des kleinen Schulhauses recht gut bestellt; es fehlte mir nicht an historischem und naturwissenschaftlichem Lehrstoff. Und wenn eine trübselige Stimmung über mich kommen wollte, setzte ich mich nach der Schule ans Harmonium des Klassenzimmers und stärkte mich an den schönen Chorälen unseres Kirchengesangbuches.

\*

Kurz vor Abschluss der Seminarzeit hatten wir gemeinsam mit dem Seminardirektor einen berühmten französischen Film besucht: «L'école buissonnière». Er schilderte den Kampf eines jungen, idealistischen Lehrers, der sich in ein abgelegenes, armseliges Bauernnest verwiesen sah, in Schulverhältnisse, die jeder Beschreibung spotteten; kein Lehrer hatte es hier lange ausgehalten, und die unbarmherzige Jugend schickte sich natürlich sofort an, auch dem «Neuen» das Leben zu vergällen. Nicht zu reden von dem schmutzigen, primitiven Schulzimmer, in welchem der Bedauernswerte schalten und walten sollte. Die Wandtafel war kaum noch zu brauchen, die Schulbänke wackelig, die Fenster seit Ewigkeiten nicht gewaschen. Auf einem hölzernen Podest thronte ein morsches Pult, von welchem aus der Schulmeister seine Zöglinge so recht von oben herab beobachten und kommandieren konnte. Dem «Neuen» passte das aber gar nicht. Er hiess die ältesten Schüler Äxte holen und befahl ihnen, das Feldherrenpodium in Kleinholz zu verwandeln und damit den Schulofen zu heizen. Dann setzte er sich an ein kleines Tischlein im Vordergrund des Zimmers und stellte sich damit bildhaft auf die gleiche Ebene mit seinen Zöglingen. So legte er den Anfang zu einem kameradschaftlichen Zusammenarbeiten, ohne dabei die Führung über die Klasse zu verlieren. An den weiteren Verlauf des Filmes erinnere ich mich nicht mehr. Ich weiss nur, dass ich aus ihm eine Lehre für meine ganze künftige pädagogische Tätigkeit zog. Wo immer ich die Wahl zwischen einem erhöhten Pult und einem gewöhnlichen Arbeitstisch hatte, bevorzugte ich das Arbeiten am letzteren. Ich wollte nicht als autokratische Regentin *über* der Klasse stehen, sondern demokratisch in ihrer Mitte walten, aber immer so, dass ich bei scheinbarer Gleichschaltung die Zügel nie aus der Hand gab.

Meine blitzsaubere Gesamtschule im braven Schaffhauser Bauernland war selbstverständlich in keiner Weise mit der verlotterten französischen «Heckenschule» zu vergleichen. Das Schulhäuschen glänzte innen und aussen vor Ordentlichkeit, und die Schulkinder, durchwegs Sprösslinge rechtschaffener und gottesfürchtiger Bauersleute, kamen nie auf den Einfall, mit Käpselirevolvern zu schiessen oder zweideutige Hintertreppenromane zu erfinden. Ich musste ihre Fügsamkeit nicht mit theatralischen Axthieben erkaufen.

Sie nahmen mich gutmütig als Meisterin an und bereiteten mir während der ganzen Stellvertretungszeit keine nennenswerten Ärgernisse. Natürlich hatten sie auch keine Flügelchen; sie waren so wenig engelhaft wie ihre Lehrerin. Ich konnte ohne grosse Anstrengung in ihrer Mitte nach dem Vorbild des französischen Films tätig sein. Selten hatte ich schwere Strafen zu verhängen, seltener noch spielte mir mein rasches Temperament einen Streich und verführte mich dazu, Ohrfeigen auszuteilen. Ich entwickelte eine viel salomonischere Strafmethode. Wenn mein Schärlein mir eine Woche lang Freude bereitet hatte, las ich ihm aus dem unsterblichen Jugendbuch Tom Sawyer vor. Dann placierte ich mich mit Vorliebe auf den Tisch der vordersten Bank, um meinen Kindern recht nahe zu sein. Eine Unschicklichkeit riskierte ich nicht, denn die langen Röcke der Werktagstracht fielen mir sittsam bis auf die Fussgelenke. So waren wir uns in den schönsten Stunden der Entspannung auch räumlich nahe, was unserm Schulbetrieb etwas gemüthaft Familiäres verlieh. Die Unartigen, die sich etwas zuschulden hatten kommen lassen, mussten während dieser Vorlesungen den Schulplatz grasen. Einer sagte mir später, er hätte lieber einen zünftigen «Hosenspanner» in Kauf genommen. Ein anderer meinte, nicht nur meine Geschichten seien spannend gewesen, sondern auch die Art und Weise meines Vortrages, vor allem, wenn ich die Geschichten in die vertraute Mundart übersetzte. «Sie hätten sich selber sehen müssen», führte er aus, «wie Sie beim Erzählen die Augen rollen liessen und mit den Händen herumfuchtelten. Die in den vordersten Bänken hatten immer Angst, ungewollt einen Nasenstüber zu bekommen. Es war einfach ein Hochgenuss, die reine Theatervorstellung.»

\*

Nach den Sommerferien brach eine Schönwetterperiode an, die aber häufig durch Gewitterregen unterbrochen wurde. Eines Abends brachte mir eine Schülerin einen ganzen Korb voll herrlicher Wiesen-Champignons. Ich hatte gute Pilzkenntnisse und wusste den echten Champignon des genauesten von seinem todbringenden Vetter, dem Knollenblätterpilz, zu unterscheiden. Sorgfältig untersuchte ich Stück für Stück. Alles schien in Ordnung zu sein, die Lamellen rosarot, der Hut seidenglatt, der Strunk bis unten schlank. Einzig der Geruch machte mich einen Augenblick lang stutzig. Er erinnerte vage an etwas Chemisches. «Man wird die Wiese, auf der diese Pilze wuchsen», dachte ich, «mit Kunstdünger behandelt haben.» Und sorglos bereitete ich mir aus der schönen Gabe ein Abendessen, das mir trefflich mundete; der kleine Beigeschmack hatte sich beim Kochen völlig verflüchtigt. Kaum aber hatte ich die Gabel abgelegt, überfiel mich ein Brechen, das kein Ende nehmen wollte, wobei mir der kalte Schweiss über die Wangen lief. Obwohl ich genau wusste, dass der gefährliche Knollenblätterpilz frühestens acht Stunden nach dem Genuss die ersten Beschwerden auslöst, hielt ich es für ratsam, ärztliche Hilfe zu suchen. Ein Telephon gab es im Schulhäuslein nicht, aber der Männerchor probte gerade in meinem Klassenzimmer. Ich wankte vor dessen Türe, klopfte an und bat den Bauern, der mir öffnete, man möchte doch rasch nach dem nächsten Doktor schicken; ich hätte mich nach einem Pilzgericht schrecklich übergeben müssen. Danach legte ich mich auf das Bett in der Stube und wartete, in Schweiss gebadet, auf den Arzt. Schmerzen hatte ich aber keine. Und als der Doktor zehn Minuten später vor mir stand, fühlte ich mich schon wieder recht wohl, und er war mit mir der Meinung, dass es sich unmöglich um eine Vergiftung durch Knollenblätterpilze gehandelt haben könne. «Trotzdem», sagte er, «muss ich Sie unverzüglich zum Magenauspumpen ins Kantonsspital bringen. Wir dürfen nichts versäumen.» – «O weh», seufzte ich, «im Kantonsspital liegt augenblicklich meine Mutter mit einer Gallenaffektion. Wie wird sie erschrecken, wenn sie meine Pilzvergiftung erfährt!» – «Von der erzählen Sie ihr natürlich erst nachher», sagte der Arzt, «wenn Ihr Fall abgeklärt ist. Ich bin ganz zuversichtlich. Ihre Herztöne und Ihr Puls sind normal; es ist bestimmt alles nur eine harmlose Magenverstimmung.»

Eine halbe Stunde später lag ich in einer Baracke des alten Spitals und würgte den berüchtigten Schlauch hinunter. Im Grunde eine überflüssige Tortur; denn mein Magen hatte sich bereits vollkommen entleert. Und sobald der Schlauch weg war, fühlte ich mich wie neugeboren. Ich latte lediglich riesigen Durst und trank eine ganze Flasche Mineralwasser leer. Ein halbes Dutzend Ärzte stand kopfschüttelnd um mich herum. Alle tappten über diesen merkwürdigen Fall im dunkeln. Nachdem sie sich überzeugt hatten, dass mein Zustand zu keinen Bedenken Anlass gab, verabschiedeten sie sich freundlich. Ich schlief die ganze Nacht wie ein Murmeltier. Als am Morgen die Schwester erschien, sass ich schon angekleidet auf dem Bettrand und verlangte schnurstracks heimzufahren. Der Oberarzt erlaubte es mir lächelnd; ich musste ihm nur versprechen, beim geringsten Anzeichen einer Übelkeit den Hausarzt zu rufen. Danach begab ich mich in die Nachbarbaracke, wo die Mutter, zum Glück bereits eine Genesende, über mein Erscheinen runde Augen machte. Eine halbe Stunde später vertilgte ich im nächsten Café mit Heisshunger drei belegte Brötchen und rauchte genussvoll eine Zigarette. Für den Autobus zur Schule war es inzwischen zu spät geworden. Ich fuhr mit dem Zug in mein Dorf hinaus und liess es mir dort in der mütterlichen Wohnung wohl sein. Nachmittags kaufte ich am Migroswagen etwas Obst. Als der Chauffeur meiner ansichtig wurde, schlug er die

Hände zusammen. «Wie – was – Sie leben noch?» rief er. «Heute morgen war ich in Ihrem Schuldörflein, und da erzählten mir ein paar Kinder weinend, Sie seien an einer Pilzvergiftung gestorben.»

Erst ein Jahr später löste sich das Rätsel auf. Ich amtete als Lehrerin im alten Steigschulhaus der Stadt Schaffhausen, und einer meiner Kollegen war städtischer Pilzexperte. «Das, was Sie gegessen haben», erklärte er mir, «war der sogenannte Carbolpilz, eine Abart des Wiesenchampignons. Er gleicht diesem aufs Haar, verströmt jedoch einen leichten Carbolgeruch. Seine giftige Wirkung ist gering, besonders darum, weil er in der Regel sofort nach dem Genuss wieder herausgebrochen wird. Im schlimmsten Fall gefährdet er den Organismus durch abnormale Schweissausbrüche, die zu kritischem Wasserverlust führen können. Er kommt sehr selten vor, in der Regel auf Wiesen mit lehmigem Grund. Seien Sie froh, dass es nicht der teuflische Knollenblätterpilz war! Da stünden Sie jetzt nicht mehr so frisch und fröhlich vor mir.»

Und ob ich froh war! Ich lebte ja so gerne, so gerne! Das Leben hatte für mich ja ganz neu begonnen, seit die Schularbeit mich befreite von der Fron, um des schnöden Mammons willen zweitrangige Bücher zu schreiben. Aller literarische Ehrgeiz fiel wie Zunder von mir ab, und ich hatte nur noch das aufrichtige Verlangen, eine gute Lehrerin zu werden.

Pilze suchte ich fortan auch keine mehr. Die Lust

auf diese Gaben des Waldes war mir für immer abhanden gekommen, zumal die Ausbeute von Jahr zu Jahr spärlicher wurde. Immer mehr Fremdarbeiter suchten im Spätsommer unsere alten Pilzreviere ab und zerstörten dabei offenbar ungewollt die empfindlichen Pilznetze im Boden. Als ich im September 1973 zum letztenmal ohne Krücke durch die Wälder meiner Kindheit streifte, durch die altvertrauten Regionen, in denen Mutter und ich einst so manchen Korb mit Eierschwämmen, Brätlingen und Reizkern gefüllt hatten, trug ich als einzigen Gewinn eine Handvoll Tintenschopflinge und zwei wurmstichige Ziegenlippen davon.

## 2. Teil

### STEIGSCHULHAUS

Mein stiller Wunsch, in einem behäbigen Bauerndorf eine währschafte Lehrgotte werden zu dürfen, erfüllte sich nicht. Zu meiner Enttäuschung war nirgends auf der Landschaft eine Stelle frei. Ich musste dankbar sein, dass man mich in der Stadt brauchen konnte. Sehr begeistert war ich nicht. Viel lieber wäre ich eine natur- und heimatliebende Dorfschulmeisterin geworden, so wie Albert Anker sie abgebildet hat, idyllisch trachtengekleidet mit barfüssigen Bauernkindern hinwandelnd durch blumiges Wiesengelände. Heute lächle ich über meine damaligen allzu idealistischen Vorstellungen. Ja, ich denke mit grosser Freude an meine elfeinhalb Jahre im städtischen Lehramt zurück. Wohl waren die Kinder im grossen ganzen schwieriger zu lenken als draussen in den Dörfern, doch erwiesen sie sich als munterer und einfallsreicher. Mit vielen Eltern kam ich in einen schönen persönlichen Kontakt, und die Herren von der Schulbehörde brachten mir gütiges Wohlwollen entgegen. Ob das in einem kleinen Dorf auch so gewesen wäre? Ob ich mich mit meiner individualistischen Veranlagung, die sich nicht problemlos in jede herkömmliche Schablone einpasste, in eher konservativen Verhältnissen bewährt hätte? Mein Dichterfreund Hermann Hiltbrunner hatte mich einmal scherzend ein «zweigleisiges Frauenzimmer» genannt. Mit Recht. Ich war einerseits ungemein schollentreu und in meinem bäuerlichen Herkommen tief verwurzelt. Anderseits beanspruchte ich die ganze Ungebundenheit des künstlerisch schaffenden Menschen. Es machte mir zum Beispiel gar nichts aus, in der Tracht eine Zigarette zu rauchen und in meiner Wilchinger Wohnung Herrenbesuche zu empfangen. Eine fleissige Kirchgängerin war ich auch nicht. Kurz, ich bin nachträglich überzeugt davon, dass das Schicksal mich richtig führte – in die Stadt. In der städtischen Anonymität durfte ich weitgehend mich selber bleiben, nach dem geschichtlichen Wort: Stadtluft macht frei!

Ich war voll guten Willens, diese Freiheit sinnvoll zu nutzen. Erfüllt vom redlichen Verlangen, auch der schuhtragenden Stadtjugend mein Bestes zu geben, begann ich meine schwere Aufgabe im Frühling 1951 mit genau fünfzig Erstklässlern in einem Notzimmer des alten Steigschulhauses. Der Raum war niedrig, wurde mit hässlichen Eisensäulen gestützt und empfing durch seine Nord- und Westfenster nur wenig Sonnenlicht. Die uralten Bänke splitterten, das Pult wackelte, die Wandtafel war vermutlich aus einer Requisitenkammer hervorgeholt worden. Da man sie nicht höher oder tiefer einstellen konnte, musste mir das städtische Bauamt ein Fussbänklein zum Draufstehen liefern. Kurz, die schäbige Einrichtung erinnerte mich lebhaft an die unvergessliche «Ecole buissonnière». Aber die Schwägerin hatte mir zum Beginn meines Waltens eine grosse Schale mit Primeln auf den kleinen Tisch gestellt, und über diese lieblichen Frühlingsblumen hinweg strahlten mich hundert helle und dunkle Kinderaugen vertrauensvoll an. Ich war fest davon überzeugt, dass ich mit ihnen glücklich sein würde.

Ich Ahnungslose konnte mir ja nicht vorstellen, was es bedeutete, mit fünfzig Abc-Schützen arbeiten zu müssen, zumal uns Stadtlehrerinnen damals nur siebenundzwanzig Wochenstunden zugebilligt wurden, indes unsere Kolleginnen auf dem Lande deren zweiunddreissig haben durften. Die Möglichkeit, eine grosse Klasse zu halbieren und den gleichen Stoff mit je einer Hälfte erspriesslich zu bearbeiten, war uns bei dieser knappen Stundenzahl verbaut. Heute haben die städtischen Unterstufenlehrerinnen bei beträchtlich kleineren Klassenbeständen gesetzlichen Anspruch auf dreissig Wochenstunden. Sie sind folglich in der Lage, mit weniger Kindern einen vermehrten Abteilungsunterricht zu führen und sich damit jedem einzelnen Schüler individueller zuwenden zu können. In der Begeisterung des Beginnens beunruhigte mich die Riesenschar im alten Schulzimmer nicht. Die erste eigene Klasse – sie wurde für mich so etwas wie eine erste Liebe. Ich war sofort in meine kleinen Schätzchen verliebt. Sie machten mir dieses Liebhaben aber auch leicht. Die meisten von ihnen kamen aus geordneten Verhältnissen, waren psychisch unbeschädigt und noch nicht durch das vermaledeite Fernsehen verdorben. Weder Schlüsselkinder noch Fremdsprachige erschwerten mir die disziplinarische Führung der Klasse. Noch durch keine Schulschablone deformiert, kamen sie frisch aus dem Kindergarten zu mir, jedes in seiner Art eine unversehrte kleine Persönlichkeit. Und wie eine Gluckhenne nahm ich sie unter meine Fittiche.

Ausserdem beglückte mich der Genius loci des ehrwürdigen Gebäudes, in welchem ich nun pädagogisch wirken durfte. Auf einer Tafel an der Hausmauer las ich schon am ersten Morgen die Worte:

*Altes Steigschulhaus. 1709 aus eigenen Mitteln von dem edlen Steigpfarrer Johann Georg Hurter (1670 bis 1721) als Waisenhaus und Armenschule erbaut. Das Portal als einzigen Schmuck erstellten die Steinmetzen unentgeltlich.*

Und im Dreieckgiebel des alten Portals konnte ich das Bibelwort lesen: «Das Werk deiner Hände wollest du nicht lassen. Psalm 138, Vers 8.»

Mein geistlicher Nachbar, Steigpfarrer Peter Vogelsanger, wusste mir über die Entstehung dieser Hurterschen Stiftung Näheres zu berichten. Sein Vorgänger im Amt, ergriffen vom karitativen Christentum des grossen Pietisten August Hermann Francke, gründete hier nicht nur das erste Waisenhaus der Stadt, sondern auch die erste schweizerische Armenschule. Übel haben es ihm Meine Lieben Gnädigen Herren von Schaffhausen gelohnt. In ihrem sturen Hass gegen alles nonkomformistische Christentum, das sich ihrer diktatorischen Obrigkeitskirche nicht devot anpassen wollte, setzten sie Pfarrer Hurter und vier pietistische Kandidaten der Theologie ab und warfen Hurters Bruder sogar ins Gefängnis, in welchem er starb. Die Tragödie dieser Gottesmänner bewegte mich um so mehr, als meine Liebe zu August Hermann Francke unverändert geblieben war; denn nach wie vor überzeugte mich einzig und allein wirkendes Christentum im Dienste des leidenden Nächsten von der ewigen Gültigkeit der christlichen Lehre.

War es ein höheres Walten, dass ich meine städtische Lehrtätigkeit an einem Ort beginnen durfte, der sich aufs engste verband mit meinem Lieblingspädagogen? Und traf es sich rein zufällig, dass Hurters Unterdrückung in die gleiche Zeit fiel, in welcher meine mütterlichen Vorfahren im sogenannten Wilchinger Handel (1717–1729) sich gegen städtische Willkür aufgelehnt hatten? Einer von ihnen, ein Ur-Ur-Urgrossvater meiner Grossmutter, war sogar in contumatiam zum Tode verurteilt worden, nachdem er das Dorf zwölf Jahre lang zur Verweigerung der Huldigung aufgehetzt hatte. Und ein Onkel des Grossvaters hatte sich noch im Jahre 1815 wegen seines wiedertäuferischen Bekenntnisses auf dem Gemeindehausplatz Wilchingen öffentlich stäupen lassen müssen. So viel Rebellentum pulste nachwirkend in meinem Blut und machte mir alle lieb, die für eine starke Überzeugung zu leiden wussten. Mit Verehrung gedachte ich darum des mutigen Steigpfarrers Hurter; und es empörte mich, dass auf seiner Ruhmestafel nicht ehrlich geschrieben stand, wie teuer er seinen Dienst an der ärmsten Schaffhauser Jugend bezahlen musste.

Im Nachdenken über die merkwürdigen Querverbindungen zwischen dem geistlichen Heldentum Hurters und dem weltlichen meiner Vorfahren fiel mir plötzlich ein Bericht meiner geschichtskundigen Grossmutter ein. Sie hatte mir erzählt von sechsunddreissig Familien, die im Wilchinger Handel verbannt worden waren. Durch Fürsprache des Herzogs von Württemberg seien sie zuerst in Stuttgart aufgenommen worden, danach weitergezogen zu den Böhmischen und Mährischen Brüdern. Diese Herrnhuter hätten sie liebevoll in ihre Gemeinschaft eingegliedert. Was aus ihnen wohl geworden war? Auf einmal überkam mich heftiges Verlangen, ihrem Schicksal nachzuspüren. Das bedeutete natürlich, dass ich mich mit der Geschichte des Wilchinger Handels eingehend befassen musste. Und da meine bäuerliche Vitalität sich im Schulunterricht keineswegs erschöpfte, fand ich Zeit und Kraft zu einer faszinierenden historischen Nebenbeschäftigung. Fortan verbrachte ich viele Stunden im Staatsarchiv, lernte dort alte verschnörkelte Handschriften lesen und suchte in den Ratsprotokollen der Jahre 1717 bis

1729 sowie in Bergen vergilbter Dokumente nach Berichten über die unglückliche Wilchinger Erhebung. Allerdings, wie die Verbannten jener Jahre sich in der Fremde zurechtfanden, konnte ich dabei nicht in Erfahrung bringen. Dazu hätte ich die Archive in Stuttgart, Prag und Wien aufsuchen müssen, selbstverständlich für mich eine Unmöglichkeit. Aber meine lokale Forschungsarbeit über den ersten schweizerischen Untertanenaufstand des 18. Jahrhunderts war bei aller Begrenztheit ergiebig. Ich füllte drei Schulhefte mit Notizen, die mir später erlaubten, das historische Schauspiel: «Der Wilchinger Handel» zu schreiben. Es wurde 1968 anlässlich des Kantonalen Sängerfestes in Wilchingen wenigstens im Auszug aufgeführt.

Heute staune ich über diese Zusammenhänge. Da war die geistige Wiederbegegnung mit meinem verehrten Francke, die Gestalt angenommen hatte in Pfarrer Johann Georg Hurter. Da war die Empörung über die schmähliche Missachtung seines philanthropischen Werkes, welche mich folgerichtig hinführte zur Wilchinger Auflehnung gegen das unduldsame städtische Patriziat. Wie eigenartig, dass seine Wilchinger Opfer ausgerechnet bei den Pietisten in Böhmen und Mähren Unterkunft fanden! Im Nachsinnen über diese Tatsachen dachte die neugebackene Schulmeisterin daran, wie gerne sie einmal Geschichte studiert hätte, und gab sich einer Liebhaberei hin, die ihr zeitweilig wichtiger als alle schriftstellerischen Ambitionen war.

Das Schulhaus, in welchem ich arbeitete, führte mich in Gedanken zu den Vorfahren meiner Wilchinger Mutter zurück. Die Spaziergänge in der grossen Pause verbanden mich mit meinem väterlichen Ursprung im Randendorf Beggingen. Hinter dem Schulareal befand sich noch ein Teil des alten Steigfriedhofes. Friedhöfe hatten für mich immer eine grosse Anziehungskraft. Sie gaben mir zu bedenken, was für ein sterbliches Wesen der Mensch ist und wie gut er daran tut, sich immer wieder nach dem Ewigen auszurichten. Wenn ich mich vom anstrengenden Unterricht von der verbrauchten Luft im niedrigen Notzimmer seelisch und leiblich erholen wollte, ging ich sinnierend den alten Gräbern entlang. Dabei fiel mir jedesmal ein ungewöhnlicher Grabstein auf, ein irisches Kreuz aus rotem Porphyr. 1948, also drei Jahre früher, war ich zum erstenmal in Irland gewesen. Der Schleitheimer Historiker Dr. Heinrich Wanner hatte mir nämlich dargelegt, dass das lebhafte Temperament der Begginger ein ausgesprochen keltisches Merkmal sei, und behauptet, ich sei nach Aussehen und Naturell eine Keltin reinsten Wassers. Damit hatte er mir einen schönen Floh ins Ohr gesetzt! Fortan brannte ich darauf, die Kelteninsel Irland kennenzulernen. Dass ich dieses Projekt ausführen durfte, freut mich mein Leben lang. Schon mein erster irischer Aufenthalt wurde zum unvergesslichen Erlebnis. Landschaft und Menschen bezauberten mich, mehr noch die frühchristlichen Schätze des Landes. Insbesondere bestaunte ich auf zahlreichen Friedhöfen die monumentalen Keltenkreuze mit dem Sonnenring.

Und nun traf ich auf einem Friedhof in der schweizerischen Kleinstadt Schaffhausen ein solches Kreuz an, stilgerecht verziert mit den typischen irischen Schlingornamenten. Es war das Grabmahl von Bernhard und Sophie Peyer-Frey, das heute im Waldfriedhof steht. Frau Dr. Peyer-von Waldkirch erzählte mir später, wie und warum ihre Schwiegereltern zu diesem aussergewöhnlichen Gedenkstein gekommen waren. Auch sie hatten als begeisterte Irlandbesucher die uralten Steinmetzarbeiten der Grünen Insel bewundert. Sooft ich nun das Peyer-Grabmahl betrachtete, nahm ich mir vor, Irland wieder aufzusuchen und mich gründlicher als bisher in seine Mysterien zu versenken. Doch erst sechs Jahre später, als ich die grössten Einzahlungen in die Pensionskasse hinter mich gebracht hatte, segelte ich zum zweitenmal über die Irische See, heim zu meinesgleichen, wie ich spassend sagte. Im Herbst 1973, nach fünf weiteren Irlandreisen, erschien mein Irlandbuch: «Und stets erpicht auf Altes». Die Schulmeisterin, die 1951 felsenfest davon überzeugt gewesen war, nie mehr schriftstellerisch schaffen zu können, war um diese Zeit längst wieder an den Schreibtisch zurückgekehrt.

So führte mich der Aufenthalt im alten Steigschulhaus zu den beiden Wurzeln meines Herkommens, zu den mütterlichen Klettgauer Vorfahren und zu den väterlichen Urahnen im Randental, und das Fluidum dieses Ortes nährte auch meine angeborenen historischen und literarischen Neigungen. Mehr als das: Die Bewunderung für das Tatchristentum des tapferen Pfarrers Hurter bestärkte mich in der Überzeugung, dass vor Gott nicht Lippenbekenntnis, sondern allein das selbstlose Werk im Dienste der Nächstenliebe zählt.

\*

Meine Freunde behaupteten früher, ich hätte eine Rossnatur. Sie übersahen dabei nur, dass mein lebhaftes Temperament eine Vitalität vortäuschte, die hauptsächlich psychisch war. Körperlich war ich gar nicht stark. Als Kind hatte ich alle nur erdenklichen Krankheiten durchgestanden, Bronchitis und Lungentuberkulose, Brustfellreizungen, Heuschnupfen und Asthmaanfälle. Sobald ich aber ein Übel hinter mich gebracht hatte, war ich in Kürze wieder quicklebendig und unternehmungslustig, tollte lieber mit Knaben als mit Mädchen herum, kletterte auf alle Bäume, watete durch Sümpfe und schoss mit dem Bolzengewehr des Bruders Spatzen tot. Als im frühen Erwachsenenalter Bronchitis und Asthma seltener wurden, begann ich mit dem Fahrrad über Alpenpässe zu fahren und ruderte in meinen Zürcher Jahren (ohne richtig schwimmen zu können!) auf dem Zürichsee herum. Und als leidenschaftliche Wandersfrau legte ich mühelos sieben- bis achtstündige Märsche zurück. «Du wirst mindestens achtzig Jahre alt wie alle deine Weinbauernvorfahren, wenn sie nicht zufällig im Rausch vorzeitig die Treppe hinunterfielen und sich das Genick brachen», behaupteten meine Freunde. Ich lächelte still dazu. Zum Sturz über die Treppe, der tatsächlich einem Urgrossvater das Leben gekostet hatte, würde ich es bei aller Freude an einem guten Glas Wein nicht kommen lassen. Aber das biblische Alter, das sagte mir eine innere Stimme, erreichte ich schwerlich. Eine Kerze, die an zwei Enden brennt, verzehrt sich rasch.

Im Schulsommer 1951 brannte meine Lebenskerze auch noch in der Mitte. Das Einarbeiten in die Lehrtätigkeit auf der Unterstufe verlangte einen strengen, gewissenhaften Einsatz. Ich vermochte ihn nur darum zu bewältigen, weil ich treue äussere und innere Helfer besass. Die erfahrenen älteren Kolleginnen im Schulhaus erteilten mir unschätzbare Ratschläge. Das Organisationstalent, die Gabe, speditiv arbeiten zu können, waren mir in die Wiege gelegt worden und kein Verdienst, sondern Naturgeschenke, für die ich bis zum heutigen Tag dankbar bin. Ohne diese Beistände hätte es übel gehen können. Es wurde ja in jenem Sommer die 450-Jahr-Feier des Eintrittes Schaffhausens in den Bund gefeiert, und weil die Katze das Mausen nicht lassen kann, übernahm ich freudig den Auftrag, das Festspiel: «Hinderem Rande häts au no Lüüt!» zu schreiben. Wie ich die drei Bilder für die Dörfer Beggingen, Schleitheim und Siblingen in Eile zusammenstiefelte, ist mir heute noch unfassbar.

Also: Schule, Vorstudien zum «Wilchinger Handel», dramatisches Wirken, und dies alles verbunden mit den ermüdenden täglichen Zugfahrten von Wilchingen in die Stadt und zurück. Es war ein reichlich vollgerütteltes Mass. Dazu schneite uns ausgerechnet in diesem Sommer eine amerikanische Cousine der Mutter ins Haus, die ungefähr so schlecht deutsch sprach wie ich englisch. Kam ich abends völlig ausgepumpt ins Dorf zurück, musste ich der Dame noch Gesellschaft leisten und mich abrackern mit ihrem amerikanischen Slang. Sie hatte sich im Wunsche, das Heimatdorf ihrer Mutter kennenzulernen, bei uns für die Dauer von zwei Wochen angemeldet. Im ganzen sass sie uns drei Monate auf der Haube, ohne einen Franken Kostgeld zu entrichten. Derweil zerbrach ich mir den Kopf mit dem Einteilen unseres Haushaltgeldes; denn in den ersten Stadtschuljahren hatte ich hohe Nachzahlungen in die Pensionskasse zu leisten. Alle meine Anspielungen auf unsere prekäre wirtschaftliche Situation waren in die Luft gesprochen; «Aunty» war gleichzeitig reich und geizig. Als sie im Nachsommer endlich abdampfte, fielen Mutter und ich einander vor Erleichterung um den Hals. Ein paar Wochen später schrieb uns das Monstrum in aller Unverfrorenheit, sie hätte mit dem in der Schweiz gesparten Geld gerade noch einen Ausflug nach Kanada machen können.

\*

Nun, auch dieser turbulente Sommer verglühte in einem milden Herbst. Die USA-Base war weg, der Festrummel vorüber, die ersten Pionierarbeiten im Schulzimmer getan. Ich hatte mich eingelebt und konnte mich jetzt mit ganzen Kräften meinen Kindern widmen, die nach den Herbstferien schon leidlich lasen und im Zahlenraum 0–20 zu Hause waren. Auch das musikalische Problem hatte sich mittlerweile gelöst. Da ich ausser dem Klavier kein anderes Instrument zu traktieren vermochte (die Geige meiner ersten Seminarjahre, der ich einst nur grausliche Töne entlockte, hatte ich in den Zürcher Hungerjahren versilbert), zerbrach ich mir den Kopf, wie ich den dünnen Erstklässlergesang unterstützen sollte. In meiner Not erinnerte ich mich jenes merkwürdigen Klimperkastens, Tischharmonium genannt, welchen früher die Nonnenweiherschwestern im Kindergarten und in der Sonntagsschule benützten. Eine Insassin des Wilchinger Schwesternheims schenkte mir auf mein Bitten ein solches Requisit, das unter dem Namen «Knautsche» all meinen Schaffhauser Schülern einen Heidenspass bereitete. Mit der linken Hand musste man die Luftpumpe bedienen, mit den Fingern der rechten die weissen und schwarzen Tasten in der Spannweite zweier Oktaven drücken. Treulich hat dieses einzigartige Museumsstück mich von einem Stadtschulhaus ins andere begleitet, bis zu meiner Erkrankung im Herbst 1961. Danach schenkte ich es meinem musikliebenden Neffen Stefan, der es in Bälde zugrunde richtete. Voller Neugier nach seinen Eingeweiden, nahm er das Ding mehrmals auseinander, wonach es jedesmal erbärmlicher quietschte. Bevor es aber endgültig verstummte, hatte er, um mit beiden Händen spielen zu können, an der Luftpumpe ein Fusspedal angebracht. Und zu meinem grossen Erstaunen begnügte er sich nicht mit dem Hervorbringen simpler Terzen, sondern entdeckte bereits die anspruchsvollere Quinte und Septime. Er vergoss bittere Tränen, als die Wunderkiste eines Tages einfach keinen Ton mehr von sich gab, und die Blockflöte vermochte nicht, ihn über diesen Verlust hinwegzutrösten. Sooft er bei mir weilte, sass er am Klavier, klaute mir Notenblätter und bekritzelte sie mit kaum lesbaren Melodien. Als ein Knirps von sieben Jahren schenkte er mir zu Weihnachten seine erste Komposition, ein tolles Gemengsel von Noten mit Pünktchen, Fähnchen und dem Vorzeichen b. Darunter stand in Blockschrift:

«Chris is gebohren,
singen Engelchoren.
Ja, er is da,
ha - ha - lee - lu - laa!»

Ich habe das Blatt bis heute aufbewahrt und neulich zusammengeheftet mit seinem jüngsten musikalischen Werk, der Vertonung des Grabspruches des irischen Dichters William Butler Yeats. In Sligo haben wir im Frühling 1973 zusammen dessen letzte Ruhestätte besucht. Die Worte auf dem schlichten Gedenkstein müssen Stefan tief beeindruckt haben:

«Cast a cold eye
on life, on death,
Horseman, pass by!»

Unglaublich rasch flogen die Wochen und Monate meines ersten Stadtschuljahres dahin. Ein ruhiger Winter löste den hektischen Sommer ab. Wenige Erinnerungen blieben haften. Ich weiss noch, dass ich zweimal beim eintönigen Buchstabieren regelrecht einschlief und von der amerikanischen Base träumte. Ich denke lachend an jene Turnstunde zurück, in welcher ein herziges Mädchen mir bei einer Kriechübung in der Turnhalle den Trainerkittel nach unten zog und dabei schamhaft flüsterte: «Ich will nicht, dass die Buben Ihr Gstältli sehen.» Ich bekam Zustände, als ich zur Weihnachtszeit die Kinder Sternlein und Engelein ausschneiden und aufkleben liess, wonach das Notzimmer aussah wie der Münsterplatz nach dem Martinimarkt. Auch einen bitteren Gang nach Canossa musste ich einmal einschlagen: Ich hatte einem Schüler wegen einer Nachlässigkeit eins an die Ohren gegeben, worauf er mich vorwurfsvoll mit seinen dunklen Augen anblickte und sagte: «Jetzt sind Sie schuld, wenn ich sterben muss; denn ich hatte in den Herbstferien eine schwere Hirnerschütterung.» Zu Tode erschrocken rannte ich nach Schulschluss zu seinen Eltern und bat um Verzeihung. Sie wurde mir grosszügig gewährt, und aus meinem Bussgang entstand eine wertvolle persönliche Beziehung. Das Opfer meines heftigen Keltentemperamentes kam zum Glück ohne Schaden davon. Heute ist er ein tüchtiger junger Arzt. Eine Zeitlang arbeitete er als Assistent am Kantonsspital, und jedesmal, wenn wir uns begegneten, lächelte er mir zu und meinte: «Sie sehen, ich lebe immer noch!» Auch mit andern Kindern jener ersten Stadtklasse blieb ich verbunden. Die kleine Beatrice händigte mir in einer Schaffhauser Apotheke lebensverlängernde Mittel aus. Christine wurde die Frau eines Verwandten. Andere Mädchen von einst lächeln mir freundlich zu, wenn sie heute mit ihren Kindern an mir vorübergehen. Knaben von damals berichten mir stolz von erfolgreichen Karrieren. Erinnerungen ganz besonderer Art bewahre ich an den jüngsten Sohn der Familie Peyer im Sonnenburggut, der ebenfalls Arzt geworden ist. Einmal überreichte er mir ein langes Gedicht. Ein andermal nahm er mich mit zu sich nach Hause und zeigte mir begeistert sein Chamäleon, und diesem ersten Besuch schlossen sich weitere an. Sie freuten mich um so mehr, als die Vorfahren der jetzigen Sonnenburggutbewohner Erbauer der Wilchinger Kirche und Gerichtsherren von Haslach waren. Zu ihrem Territorium gehörte auch der Hof Unterneuhaus, in welchem ich heute wohne. Der Wohnsitz der Haslacher Peyer, ein entzückendes Rokokoschlösschen, fiel leider Anfang dieses Jahrhunderts einer Feuersbrunst zum Opfer. (Zum Glück hatte mein Malergrossvater es vorher noch sorgfältig abgezeichnet.) Der Verkehr mit der Familie Peyer aus der Wilchinger Dynastie verband mich erbaulich mit Heimat und Herkommen. Und als inkonsequentes Frauenzimmer störte es mich nicht im mindesten, dass die patrizischen Ahnen meiner liebenswürdigen Gastfreunde jener Gesellschaftsschicht angehörten, die Pfarrer Hurter drangsaliert und meine Vorfahren im Wilchinger Handel so hart bestraft hatte. Wie tröstlich, dass nicht nur das Schöne in dieser Welt vergeht, sondern dass die wundenheilende Zeit in gleichem Masse viel Ungutes auszulöschen vermag.

Das erste Stadtschuljahr war (nach dem strapaziösen Sommer) das problemloseste und seelisch ergötzlichste meiner ganzen Lehrerinnenzeit. Kein ernsthaftes Ärgernis trübte seine Harmonie, nicht einmal die Drohung eines tobenden Vaters, dessen Söhnlein ich mit Arrest bestraft hatte, er würde mich bei nächstbester Gelegenheit über den Haufen schiessen. Beinahe wäre alles in rosafarbener Milde verklungen; da wurde mir zur Erfrischung meines dramatisch veranlagten Gemütes drei Tage vor Schulschluss noch ein prachtvoller Knalleffekt beschert. Ich machte mit meinen Kindern einen Ausflug in den Klettgau. Wir fuhren mit dem Mittagszug der Deutschen Bundesbahn in einen sehr warmen, fast heissen Frühlingstag hinein. Der Zug war überheizt, und einer meiner Knaben wollte das Fenster öffnen. Von der Sonne geblendet, erwischte er statt des Scheibengriffes den Halter der Notbremse, der direkt über dem Fenster angebracht war. Mit einem fürchterlichen Ruck kam der Zug zum Stehen. Alles purzelte durcheinander, Rucksäcke polterten zu Boden, Flaschen scherbelten, und die Räder des Zuges kreischten grauenhaft. Die Kinder schrien, die Mitreisenden tobten, weil der Zwischenfall ihre kurze Mittagszeit beträchtlich verkürzte. Zugführer und Schaffner erschienen mit hochroten Gesichtern und zogen mich als die Verantwortliche zur Rechenschaft. Ich oder der strafbare Schüler, schnauzte man mich an, würden den ärgerlichen Unterbruch blechen müssen. Jedes Ziehen der Notbremse ohne dringende Nötigung werde scharf geahndet; als Lehrerin wäre es meine Pflicht gewesen, jedes Kind im Auge zu behalten. Da kam er bei mir aber an die Falsche! «Dann sorgen Sie inskünftig dafür», bellte ich zurück, «dass diese idiotische Technik der Notbremsenanordnung geändert wird! Überzeugen Sie sich selbst, wie nahe die zwei Griffe beisammen sind und wie leicht man bei greller Sonne den falschen erwischen kann! Da rühmt ihr Deutschen euch eurer technischen Geschicklichkeit, und hier habt ihr euch einen fertigen Stuss geleistet! Wenn wir zahlen müssen, kommt's in die Zeitung!» Kurz, ich praktizierte vehement die alterprobte Strategie, aus der Verteidigung in den Angriff überzuwechseln, mit dem Erfolg, dass wir keinen Rappen Busse entrichten mussten.

Ich führte meine Prachtsklasse auch noch durch das zweite Schuljahr, allerdings nicht mehr im düsteren Notzimmer zu ebener Erde, sondern in einem hellen Raum des ersten Stockes. Als ich meine kleinen Freunde dann im Frühling 1953 für immer verabschieden musste, war ich nicht imstande, die Tränen zurückzuhalten. Einmal mehr im Leben liess ich wehen Herzens Liebes zurück.

*III. Teil*

*AUF DER BREITE*

Kurz vor Ende des zweiten Steigschuljahres eröffnete mir der Oberlehrer, dass ich nach den Frühlingsferien ins soeben fertigerstellte neue Breiteschulhaus umziehen müsse. Ich zog ein schiefes Gesicht. Der Abschied von der geschichtsträchtigen Stätte meines bisherigen Waltens fiel mir schwer, und Ankunft und Abfahrt der Klettgauer Züge waren nicht auf den langen Schulweg abgestimmt. Meine Bitte, am alten Ort bleiben zu dürfen, wurde abgeschlagen. Es hiess, bei notwendig gewordenen Versetzungen von Lehrkräften gebe die Ancienität den Ausschlag. Als jüngstes Mitglied des Steigkollegiums müsse ich leider die Finken klopfen. Das wollte nicht in meinen Dickschädel. Am Schlussessen mit dem geistlichen Ephorus unserer Lehranstalt, dem katholischen Dekan Haag, gab ich meinem Bedauern über meine Entfernung von der Steig beredten Ausdruck und wies abermals auf die grosse Distanz zwischen Bahnhof und Breiteschulhaus hin. Der hochwürdige Herr lachte mich nur freundlich aus und meinte, kräftige Märsche zum Arbeitsplatz würden mir wohlbekommen, meine Figur beginne ja, Strumpfkugelformen anzunehmen. Und wenn mein Blasebalg den Anstrengungen der Vorder- wie der Hintersteig nicht gewachsen sei, hätte ich ja die Möglichkeit, den Bus zu nehmen oder, gescheiter noch, mich in der Stadt niederzulassen. Das Hin- und Herfahren in den prähistorischen Rumpelkästen der DB sei gewiss kein Schleck. «Allerdings, Herr Dekan», bestätigte ich, «das ist ein tägliches Martyrium, die Bänke sündenhart, die Notbremsen am falschen Ort angebracht, das Deckenlicht miserabel. Und gelegentlich erwischt man auch Flöhe. Trotzdem: in die Stadt ziehe ich nicht, so lieb mir das Schulhalten hier geworden ist. Ich muss Kornfelder und Weinberge vor den Stubenfenstern haben. Tagsüber freie Stadtluft, abends würzige Dorfgerüche, sogar, wenn diese gelegentlich aus der Jauchegrube steigen. Auch das ist Natur.» – «Aha, die Dame will den Fünfer und das Weggli haben!» – «Warum denn nicht? Ich bin nun einmal eine zweigleisige Person.»

Eben diese Zweigleisigkeit half mir eh und je, mich veränderten Situationen anzupassen und ihnen das Beste abzugewinnen. So auch bei diesem Schulhauswechsel. Der lange Schulweg war freilich strapaziös, besonders wenn mir bei Regenwetter der Bus vor der Nase abfuhr. Aber der Herr Ephorus hatte recht, die täglichen Märsche zum Arbeitsplatz taten meinem Hüftumfang wohl, und wenn ich mich einmal zum Schützenhaus emporgepustet hatte, wurde die letzte, ebene Wegstrecke zum reinen Vergnügen. An musterhaft gepflegten Schulgärten vorbei erreichte ich schnell das neue Schulhäuslein, vor dessen Südfront die frisch gepflanzten Ziersträucher grünten und blühten. Hinter dem Gebäude dehnte sich ein mächtiges Maisfeld aus. Manchmal vernahm ich das Muhen weidender Kühe. Die Stadt ging hier ins Ländliche über und wickelte mich mit traulichen Heimatbildern ein. Über ihnen verschmerzte ich den Abschied vom geliebten Steigschulhaus. «Offenbar», sinnierte ich, «gleiche ich dem Chamäleon im Sonnenburggut, das mühelos die Farbe wechselt. Jetzt wäre nur auszumachen, ob diese Fähigkeit der raschen Anpassung zu loben oder zu schelten sei. Erst sperrte ich mich innerlich gegen eine Anstellung in der Stadt, nun brächte mich keine Macht mehr in eine Dorfschule zurück. Vor wenigen Wochen noch schwor ich, den Manen des seligen Hurter auf Wackelpult und Splitterbänken treu zu bleiben, heute vergesse ich ihn beim Anblick grasfressender Kühe. Alte Ruth, ist das nun Grundsatzlosigkeit oder keltische Beweglichkeit?»

Ich begann im Breiteschulhaus wieder mit einer ersten Klasse; denn wir Lehrerinnen hatten, von kurzfristigen Stellvertretungen abgesehen, in jenen Jahren kaum Gelegenheit, auch an der Mittelstufe zu wirken. Man hielt uns für unfähig, zehn- bis zwölfjährige Schüler disziplinarisch zu meistern. Gewiss war es nicht jeder weiblichen Lehrkraft gegeben, sich mit pubertierenden Bengeln und Bengelinnen herumzuschlagen. Aber viele von uns wären bereit gewesen, diesen

Schwierigkeiten die Stirne zu bieten. Wir hatten die genau gleiche Ausbildung wie unsere männlichen Kollegen erhalten und fanden nie Gelegenheit, Geschichte, Naturkunde und Geographie zu unterrichten. Unerbittlich waren wir ein ganzes Schulmeisterinnenleben lang ins enge Abc-Häglein eingesperrt, und wenn gelegentlich eine von uns die Klasse noch durch das dritte Schuljahr führen durfte, empfand sie es als ein Geschenk des Himmels. Niemand, der nicht mit Erst- und Zweitklässlern gearbeitet hat, ermisst, was diese Begrenzung uns auferlegte. Da war einerseits der unfreiwillige Verzicht auf interessant erweiterten Unterrichtsstoff und die damit verbundene Abwechslung. Anderseits verlangten unsere Kleinen von uns Lehrerinnen einen unerhört anstrengenden seelischen Einsatz. Sie wollten nicht nur mit farbigen Batzen zu- und abzählen und mit Hilfe des Setzkastens lesen lernen. Für sie war die Lehrerin eine zweite Mutter, die selbstverständlich an ihrem ganzen äusseren und innern Dasein teilnahm. Sie hatte sich zu freuen über Vrenelis Geburtstagskuchen und zu trauern, wenn Fritzlis Kanarienvogel gestorben war. Alles Lehren und Belehren hatte Liebe zu sein, alles Geben musste Hingeben, Sichausgeben werden. Nur zwei Frauentypen vermögen diesen seelischen und nervlichen Verausgabungen ein Leben lang standzuhalten, entweder die robuste, kreaturhaft mütterliche Betreuerin oder die künstlerisch begabte, intuitive Gestalterin. Denn nur unversiegbar erdhafte Mutterkraft und schöpferische Phantasie bewahren die Unterstufenlehrerin vor psychischer Aushöhlung. Es hat mich, obwohl ich mich lediglich vier Jahre lang mit Erst- und Zweitklässlern beschäftigte, noch und noch betrübt, dass man vielerorts nicht begreifen will, wie anstrengend und verantwortungsvoll der Schuldienst an den «Kleinen» ist, ja dass man die bewusst spielerisch gestaltete Art unseres Lehrens, so wie sie pädagogisch dem siebenjährigen Kind angepasst ist, verächtlich mit dem Wort «gvätterle» abstempelt.

\*

Nach den beiden schönen Steigschuljahren war ich noch weit von jeder nervlichen Erschöpfung entfernt und zuwenig lang im Amte, um mich durch diese Probleme beeindrucken zu lassen. Die Klagen älterer Kolleginnen über die offensichtliche Diskriminierung der Lehrerin gingen mir zum rechten Ohr herein und zum linken hinaus. Zu glücklich war ich bei meinen «schnusligen» Kleinen und fest davon überzeugt, für diese Stufe prädestiniert zu sein. Zu gerne wäre ich Mutter von sechs, sieben eigenen «Knöpfen» gewesen – darunter tat ich es in meiner üppig wuchernden Phantasie nie! –, um mir nicht einzureden, der liebe Gott habe mir nun auch im neuen Breiteschulhaus zum tröstlichen Ersatz die allerliebsten Kinderchen anvertraut. Die Mädchen waren besonders reizend und von grosser Anhänglichkeit. Sie warteten jeden Morgen vor dem Schulhaus auf mich, und wenn ich um die Ecke kam, schossen sie wie Kanonenkugeln auf mich los, fielen mir um den Hals, hingen sich lachend an meine Arme und stritten um meine Hände. Einmal rissen sie mich in einem solchen Ansturm zu Boden, wobei ich mir beide Knie blutig schlug. Aber ich brachte es nicht über mich, das Spektakel abzustellen. Mein Altjungfernherz schwelgte einfach im Genuss dieser Zärtlichkeiten. Die Kinder, die ich jetzt betreute, kamen vorwiegend aus dem Arbeiterviertel der hinteren Breite und aus der Sommerwiessstrasse. Sie waren spontaner und unkomplizierter als die Sprösslinge aus den Villen des vornehmeren Steigquartiers, welche durch eine gezielt gutbürgerliche Erziehung sich bereits an gewisse Tabus und Einschränkungen gewöhnt und damit ein Stück Ursprünglichkeit eingebüsst hatten. In der Erinnerung kommen sie mir wie Röschen aus einem gepflegten Garten vor, die Kleinen von der Breite wie Feldblumen. Töricht wäre es gewesen, die eine Lieblichkeit gegen die andere abzuwägen; jede war zur richtigen Zeit am richtigen Platz. Mir waren beide lieb. Ich züchtete ja auch Edelrosen in meinem Garten und entzückte gleichzeitig mein Auge an den bunten Wiesen nebenan. So war ich auch bei meinen Butterblümchen auf der Breite eine vergnügte «Gluggere», und das Wort Diskriminierung belastete – vorderhand! – meinen Sprachschatz nicht.

Nur in einer Beziehung teilte ich die Unzufriedenheit vieler Kolleginnen. Ich empörte mich über die Knauserigkeit der städtischen Materialverwaltung, die uns Unterstufenlehrerinnen recht stiefmütterlich behandelte. Auf der Mittelstufe erhielten die Herren der Schöpfung einen Gutscheinblock, der ihnen erlaubte, nach freier Wahl Hilfsmittel für den Unterricht anzuschaffen. Wir Frauen mussten uns Anfang der fünfziger Jahre noch mit einem Jahreskredit von erst fünfzehn, dann mit achtzehn Franken zufriedengeben. Mit dieser lächerlich kleinen Summe sollten wir auskommen, davon die farbigen Batzen für den Rechenunterricht, das Stanniolpapier für die Weihnachtsarbeiten, ja sogar die Matrizen für selbstangefertigte Leseblättchen berappen! Noch schlimmer: jeder Erstklässler erhielt damals für die Dauer eines ganzen Schuljahres nur einen Bleistift, einen Radiergummi und lediglich fünf Farbstifte in den Grundfarben Rot, Grün, Blau, Gelb und Braun. Die armen Tröpfe hätten ohne die offene Hand ihrer Lehrerinnen nicht einmal die Möglichkeit gehabt, das Kleid eines Engels weiss und den Habit des Kaminfegers schwarz anzumalen. Auch bekamen wir immer nur winzige Zeichnungsblätter zugeteilt, die jedes grossflächig-schöpferische Malen, wie die moderne Pädagogik es verlangt, verunmöglichten. Von Fettkreiden und Wasserfarben, von Flechtbändern und Plastilin durften wir nur träumen. Erkühnten wir uns, unsere Wünsche aus eigenen Mitteln zu verwirklichen, setzten wir uns der Gefahr aus, als zeitvergeudende Spieltanten verschrien zu werden. Immerhin gestattete man uns, auf den 6. Dezember den Nikolaus aufzubieten, vorausgesetzt natürlich, dass wir den Inhalt seines grossen Sackes selber bezahlten. Das taten wir alle von Herzen gern; keine hätte es über sich gebracht, unsere Kinder um den traditionellen Spass dieses Tages zu bringen. Die meisten Erstklässler glaubten zwar bereits nicht mehr an jenen richtigen Klaus, der mit dem Eselchen aus dem Schwarzwald kam und genau wusste, welche Kinder eine Rute, welche ein Gabensäcklein verdienten. Diesen Samichlaus gab es längst nicht mehr, und die mutigen Buben nahmen den Mund voll, wie sie es dem Verkleideten, der sie erschrecken wolle, besorgen würden. «Ich zupfe ihn am Bart», sagte einer. «Ich klaue ihm die Rute», behauptete ein anderer. Stand der auf Vorschuss Verlachte aber einmal im Klassenzimmer, verstummten alle Plappermäuler, und die Augen wurden rund und runder. Noch einmal, vielleicht ein letztes Mal, nahm die Welt des Wunderbaren das kleine Völklein gefangen, und Sankt Nikolaus wurde sogar für jene Neunmalklugen, die wussten, dass sich unter Kuderbart und Pelerine der Abwart des Schulhauses versteckte, eine atemraubende Wirklichkeit.

\*

Im Breiteschulhaus wurde ich erstmals ernsthaft, nämlich auf die Dauer, mit dem Problem des fremdsprachigen Schülers konfrontiert. Ich hatte zwei Italienerbuben in der Klasse. Gianfranco Coletti war bereits ein Jahr im Kindergarten gewesen und verstand schon ordentlich Deutsch. Ausserdem war er sehr intelligent, ein munteres, liebenswertes Bürschchen mit dunklen Kirschenaugen. Der andere aber, Antonio Orlando, war erst in den Frühlingsferien in die Schweiz gekommen. Er stammte aus einem winzigen Bauerndorf in Norditalien, zählte bereits elf Jahre und hatte noch nie eine Schule besucht. Sein Vater war durch ein Unglück ums Leben gekommen und hatte die Mutter mit elf Kindern in grösster Armut zurückgelassen. Durch Vermittlung des Arbeiterhilfswerkes gelangte er in die Schweiz und fand Unterkunft bei braven Leuten in der Sommerwiesstrasse. Diese waren auch nicht auf Rosen gebettet, aber wie so viele Minderbemittelte warmherzig bereit, ihr Weniges mit noch Bedürftigeren zu teilen. Natürlich verstand Antonio kein Wort Deutsch und konnte nicht einmal seinen Namen schreiben. Und ich hatte in den zwei vergangenen Jahren in meiner Freizeit alte Ratsprotokolle studiert, statt Italienisch gelernt! Unter diesen fatalen Umständen sollte ich nun den grossen Burschen in meine erste Klasse eingliedern! Ich sah mich gezwungen, schleunigst ein Lehrbuch der italienischen Sprache anzuschaffen und darin in jeder freien Stunde fleissig zu lernen! Was für ein Kauderwelschen zwischen Lehrerin und Schüler das wurde, kann sich jeder selbst vorstellen. Noch erinnere ich mich des genauesten, wie mir der Schweiss von der Stirne tröpfelte, als ich Antonio den Unterschied zwischen den Begriffen «lettera» und «cifra» beizubringen versuchte. Hoffnungslos verwurstelte er Buchstabe und Zahl. Meine Kollegen mitsamt dem Oberlehrer wohnten als Beobachter dem Trauerspiel bei und waren der übereinstimmenden Meinung, Antonios Hauptproblem sei gar nicht die Fremdsprachigkeit, sondern unverkennbare Debilität. Man empfahl mir, den Knaben zur Beobachtung bei der Hilfsschule anzumelden. Etwas in mir sträubte sich dagegen, wohl das Mitleid mit dem Entwurzelten. «Ich will es noch länger mit ihm versuchen», sagte ich. «Er kann mein kümmerliches Italienisch ja auch nicht verstehen. Warten wir zu!»

Bis zu dieser Stunde freue ich mich, dass ich mit Antonio geduldig war. Intelligenzmässig hätte er nie und nimmer in die Hilfsschule gehört. Das wurde mir blitzartig an der Schulreise kurz vor den Sommerferien klar. Ich zottelte mit meinem Schärlein auf den Beringer Randen und bestieg dort gruppenweise den Aussichtsturm. Antonio gehörte zu den ersten, die oben standen. «Nun», fragte ich die mich umringenden Buben, «wer von euch weiss, in welcher Richtung Schaffhausen liegt?» Die Ratlosigkeit war gross; einige zeigten nach Süden, andere nach Westen. Nur mein «debiler» Antonio streckte die Hand nach Osten aus und rief mit glänzenden Augen: «Dei, dei Sciaffusa!» Als einziger hatte er die Prüfung bestanden. Vor Freude drückte ich ihm einen Batzen in die Hand, und das Hilfsschulproblem war für mich erledigt. Antonio blieb bei seiner «Pfräu Buem», und im Bemühen, mit ihm reden zu können, vermehrte ich meine Italienischkenntnisse im Galopp. Das kam mir für spätere Kunstreisen in den Süden sehr zustatten. Bereits in den Herbstferien des gleichen Jahres flanierte ich durch die Strassen von Florenz und fragte die Vorübergehenden mit wunderschön rollendem r: «Per favore, dov'è la chiesa Santa Croce?»

Ein zweites unvergessliches Italienischerlebnis verdankte ich Gianfranco Coletti. Seine Eltern, brave Arbeiterleute, erkundigten sich von Zeit zu Zeit nach den Fortschritten ihres Söhnchens. Einmal luden sie mich zum Mittagessen ein. Ich sagte mit Freuden zu, obwohl es in ihrer bescheidenen Dachwohnung kein Chamäleon zu bestaunen gab wie im patrizischen Sonnenburggut. Das Essen war, dem Milieu entsprechend, um einiges bescheidener; aber die Pasta schmeckte herrlich. Und zwei oder gar drei Gläser Chianti brachten mich dorthin, wo die guten Leute mich haben wollten: ich musste versprechen, sie in den Frühlingsferien in ihrer Heimatstadt Brescia zu besuchen, da sie dort noch eine kleine Wohnung besassen. Die Aussicht, Italien im Arbeiterhaus und nicht im internationalen Hotel erleben zu dürfen, lockte mich. Alle Reisen waren für mich nur dann reizvoll, wenn in ihrem Zentrum menschliches Erleben stand. Und was hatte Cäsar von meinen keltischen Vorfahren gesagt? Sie seien stets auf Neues erpicht – novarum rerum cupidi. Ich witterte ein Abenteuer ganz besonderer Art und versprach, die Einladung anzunehmen.

Bevor es soweit war, kam der auf Ostern abgestimmte Schulschluss, und in unserem Klassenzimmer regierte Seine Majestät der Osterhase. Meine Kinder glaubten zwar sowenig an ihn wie an den Samichlaus, und doch nahm er ihr ganzes Sinnen und Trachten in Beschlag. Als alle braunen Farbstifte aufgebraucht waren und wir keine Möglichkeit hatten, Meister Lampe weiter im Bild zu beschwören, verlegten wir uns darauf, Zweizeiler zu dichten, die sich auf das Wort Hase reimten. Den ersten Vers lieferte blitzschnell Hanspeter, der aufgeweckte Sohn des Schulabwartes. Sein aus Wilchingen gebürtiger Vater war wie ich zwischen Rebstöcken aufgewachsen. Das hatte offenbar auf Hanspeter abgefärbt. Schmunzelnd nahm ich seine Poesie zur Kenntnis:

«Durstig ist der Osterhas,
trinkt Wein aus einem Riesenglas.»

Damit war der Weg in die Humoreske eingeschlagen, und ein munteres Bärbeli spottete weiter:

«Trinkt zu viel Wein der Osterhase,
zerschlägt er Mutters Blumenvase.»

Und ein strohblondes Vreneli:
«Unser Freund, der Osterhase,
hat eine böse Hex zur Base.»
Dem übermütigen Felix waren diese Sprüche noch nicht strub genug; er behauptete:
«Der dumme Osterhase
hat eine Schnudernase.»
Er war überzeugt, damit den Vogel abgeschossen zu haben; aber mein Freund Antonio überrundete ihn. «Pfräu Buem, Pfräu Buem», rief er ganz aufgeregt, «ich no besseri Värsli cha!» Und er erhob sich in seiner ganzen elfjährigen Länge und donnerte ins Klassenzimmer hinein:
«Liebi, bravi Osterhase
hogged in die grüni Grase.»
Und das war derselbe Bursche, der acht Monate früher «lettera» und «cifra» nicht unterscheiden konnte!

\*

Nun aber muss ich von meinen Frühlingsferien in der grossen Industriestadt Brescia erzählen, vom originellsten aller meiner Italienaufenthalte. Gianfrancos Eltern reisten schon am Palmsamstag ab. Ich sollte ihnen am Montag nachfolgen. Vorher hatte ich sie gebeten, mir ein Logis in einem guten Hotel zu besorgen. Essen würde ich gerne in ihrem Familienkreis. Sie versprachen mir, alles nach meinen Wünschen zu organisieren. Indessen, als ich am Montagabend ankam, war es mit dem Hotel nichts. Colettis wohnten ganz am Nordrand der Stadt, wo es weit und breit kein Hotel gab. Da ihre Wohnung nur zwei Zimmer und eine Küche enthielt und die der benachbarten Zia Teresa und ihrer vier Töchter nicht viel geräumiger war, wurde ich ganz in der Nähe bei einer gewissen Signorina Mazzacani einquartiert, auf deutsch also bei Fräulein Hundekeule. Es war alles andere als eine bequeme Unterkunft, das Eisenbett schmal und hart, der Waschtisch wackelig und der Steinboden ohne Bettvorlage. Nicht zu reden von der grässlichen italienischen Toilette. Doch nahm ich alles geduldig in Kauf, weil es mir in diesen ungewöhnlichen Ferien nicht um Bequemlichkeit, sondern um das menschliche Erlebnis ging. Gegessen wurde bei Zia Teresa, einer umfangreichen Matrone von goldener Herzensgüte. Die ganze Verwandtschaft versammelte sich um ihren Tisch und liess sich Minestra und Spaghetti al sugo schmecken. Tagsüber suchte ich die Kunstschätze der Stadt auf, und überall dort, wo ich den Weg nicht fand, wandte ich mein bescheidenes Italienisch an, indem ich stereotyp jeden Satz mit der Höflichkeitsformel: «Per favore...» begann. Auch einen Abstecher nach Verona machte ich, stand andächtig unter dem Balkon von Romeo und Julia und andächtiger noch auf dem historischen Burghügel des grossen Theoderich alias Dietrich von Bern. Um mich von der eisernen Pritsche in Brescia zu erholen, übernachtete ich in einem erstklassigen Hotel der Stadt. Anderntags besichtigte ich die Kirche San Zeno Maggiore und die Gemälde im Museo del Castelvecchio. Darnach rumpelte ich im Bummelzug nach Brescia zurück, wo Colettis meiner am Bahnhof harrten.

Und dann kam Ostern, ein unerhört einmaliges Italien-Ostern, wie es phantastischer der unternehmungslustigen Keltin Ruth Blum nicht hätte geschenkt werden können. Begierig nach neuen Kunsterlebnissen, verreiste ich am Sonntagvormittag mit einem Extrabus nach Bergamo. Nachdem ich die Paläste und Kirchen der Città Alta bewundernd und eingehend betrachtet hatte, eilte ich zur Città Bassa hinunter und suchte dort ein Speiserestaurant. Leider erging es mir hier um kein Haar besser als seinerzeit im puritanischen Edinburgh, wo ich an einem schönen Sonntag – zufällig war es noch der 1. August! – an der Türe jedes Restaurants lesen musste: «Sunday closed». Zum Glück hatte ich damals Schokolade und Nestrovit bei mir. In Bergamo war ich ohne eine Spur von Notproviant, und schwach vor Hunger irrte ich bis gegen drei Uhr mittags umher, weil alle meine Hoffnungen auf Speis und Trank an den ausgehängten Tafeln mit dem Wort «Chiuso» zerschellten. Nachdem ich umsonst unzählige Passanten angefleht hatte: «Per favore, dov'è la prossima trattoria aperta?», führte mich endlich ein gediegen wirkender Herr vor ein imposantes Hotel.

«Das ist heute offen», sagte er, «aber teuer. Sind Sie Künstlerin?» – «Lehrerin», antwortete ich würdevoll, um mir einen gediegen bürgerlichen Anstrich zu geben. Ich sah nämlich nicht sehr finanzkräftig aus, trug einen ziemlich abgewetzten grauen Lodenmantel und etwas plumpe Schuhe. Immerhin hatte ich viertausend Lire bei mir – meine übrige Barschaft war bei Zia Teresa deponiert –, und mit diesem Geld konnte ich auch in einem Luxuslokal etwas Nahrhaftes auf die Zähne bekommen. Und schon stand ich in einem bombastisch eingerichteten Speisesaal, wo an einer langen Tafel widerwärtig aufgetakelte Herrschaften sassen und frassen, ja frassen, was nur in ihre Schmerbäuche ging. Ein Monsterbuffet, mit allen Delikatessen der Erde überladen, füllte den Hintergrund des Lokals. Silber und Kristall funkelten auf der weissgedeckten Table d'hôte. Gold und Juwelen glänzten an Ohren, Fingern und Speckhälsen der seidenumhüllten Damen. Die Herren trugen Smokings und spitze Lackschuhe. Und ich stand da in meinem schäbigen Reisedress und wäre vor Verlegenheit am liebsten im Boden versunken. Ein pomadisierter Kellner mass mich verächtlich und wollte schon zum zweitenmal an mir vorüberhuschen, als ich ihn ganz verzweifelt am Frack packte und flüsterte: «Per favore, ich sinke vor Hunger um. Kein Restaurant ist offen. Bitte, geben Sie mir etwas zu essen! Ich kann ein rechtes Menü bezahlen.» Darauf setzte er mich gnädig an ein Katzentischchen in einer

Fensternische und schmiss mir die Speisekarte auf den Teller in der Art und Weise, wie man Almosen in einen Bettlerhut wirft. «Warte, Grobian», dachte ich, «dir zeige ich es!» Ich machte den Rücken steif und bestellte mit der hochmütigsten Miene ein leckeres Mahl, worauf der Herr Ober sich nicht enthalten konnte zu fragen, ob ich Amerikanerin sei. «Nein, Schweizerin», antwortete ich sehr von oben herab. «Ich studiere die Architektur lombardischer Kirchendecken.» Das wirkte. Das Gesicht des Kellners hellte sich auf, und er bediente mich mit grösster Höflichkeit. Ich liess mir die «Bistecca» schmecken und stellte mit heimlichem Vergnügen im nächsten deckenhohen Spiegel fest, wie die Schlemmer am langen Tisch mich neugierig anschielten. Und nachdem ich noch ein überdimensioniertes Trinkgeld auf dem Teller deponiert hatte, verliess ich das Albergo mit dem Gehaben einer inkognito reisenden Königin.

Kaum war ich draussen und um die Ecke, befiel mich im Überschlagen dessen, was meine Aufschneiderei gekostet hatte, schrecklicher Katzenjammer. Lumpige fünfhundert Lire waren mir übriggeblieben. «Du altes Kalb», beschimpfte ich mich selbst, «das kommt davon, wenn man am falschen Ort Theater spielt. Jetzt kannst du froh sein, dass du eine Retourfahrkarte im Handtäschchen hast und dass der Filobus zur Zia Teresa nur hundertfünfzig Lire kostet. Das Schicksal hat es wieder einmal gut mit dir gemeint.»

Leider jubelte ich zu früh. Als ich nachts um neun Uhr in Brescia ankam, musste ich zu meinem Entsetzen feststellen, dass es keinen Bus zur Zia Teresa gab. Am Ostersonntag, erklärte mir ein Polizist, ruhe von mittags zwölf Uhr an der ganze städtische Verkehr. Ich müsse halt ein Taxi nehmen. Ein Taxi ans andere Ende der grossen Stadt – und mein ganzes Vermögen betrug nur noch fünfhundert Lire! Ich fühlte, wie meine Knie weich wurden. Bald aber fasste ich mich wieder. «Ach was», redete ich mit mir selber, «wenn die fünfhundert Lire nicht reichen, was so gut wie sicher sein dürfte, nehme ich den Taxichauffeur einfach in die Wohnung der Zia Teresa hinauf und bezahle ihm dort den Rest.» Entschlossen suchte ich den Standplatz der Taxi auf. Leer. Ich wartete eine Weile, dann liess ich mir mit Hilfe eines neuen «Per favore» den nächsten Taxiplatz zeigen. Wiederum leer. Ich begann zu schwitzen vor Angst und überlegte schon, ob ein weiteres «Per favore» mich nicht am gescheitesten zum nächsten Polizeiposten brächte. Da entdeckte ich ein schwarzgrünes Mietauto vor der Türe einer erhellten Kneipe, die zufällig nicht «chiuso» war. Ich setzte mich auf das Trottoir und praktizierte meine angeborene Zweigleisigkeit, indem ich gleichzeitig rauchte und betete. Und der geduldige liebe Gott hatte wieder einmal Erbarmen mit der Wilchinger Abenteurerin. Bevor ich die Zigarette halb verpafft hatte, kam ein Mann aus der Wirtschaft und steuerte auf das Taxi los.

Ich rannte ihm nach und bat ihn unter Tränen, er möchte mich doch aus grosser Not erlösen. Des Schwindelns müde, gestand ich ihm, dass ich nur noch fünfhundert Lire bei mir habe, das Haus meiner italienischen Freunde – ich nannte die Strasse – liege ganz am Nordende der Stadt. Immerhin befinde sich dort mein Reservegeld in Verwahrung, und er brauche nur mit mir in die Wohnung hinaufzukommen, um den fehlenden Obolus in Empfang zu nehmen. Ein schönes Trinkgeld könne ihm sicher sein. «So steigen Sie ein und beruhigen Sie sich», tönte es freundlich zurück. «Es wird alles zu Ihrer Zufriedenheit ausgehen.»

Kein Mensch ermisst, welche Ängste ich während dieser nächtlichen Fahrt ausstand. Wir fuhren durch Strassen, die ich vom Filobus aus nie gesehen hatte, durch ein – wie mir im Schein der wenigen Laternen schien – höchst dubioses Quartier, und die Fahrt wollte kein Ende nehmen. Um Gottes willen, wohin führte mich der Kerl, was hatte er mit mir vor? Mein Herz hämmerte, schwitzend verkrampfte ich die Hände im Schoss. Da, ein sanfter Ruck, der Wagen hielt an, genau vor Zia Teresas Haus. Der Chauffeur half mir aus dem Wagen, und ich kramte mit bebenden Fingern meine letzten fünf Hunderterscheine hervor. «Holen Sie den Rest oben bei meinen Freunden», sagte ich. «Es gibt keinen Rest», antwortete der Biedermann. «Nicht wahr, Sie sind Schweizerin?» Wieso er darauf komme, fragte ich. «Ach, das sieht man Ihnen von weitem an. Und viele Schweizer tragen so komische Mäntel wie Sie. Wissen Sie, mein Bruder arbeitet in Zürich. Alle Leute sind dort so nett mit ihm. Schlafen Sie wohl!»

Oben schloss mich Zia Teresa weinend in die Arme. «Gottlob, da sind Sie ja wieder», schluchzte sie. «Kaum waren Sie fort, fiel mir mit Schrecken ein: um alles in der Welt, es ist ja Ostersonntag; kein Tram, kein Bus fährt, wenn unsere Freundin abends nach Hause kommt, und ein Taxi ist am heutigen Abend schwer aufzutreiben. Und da wir keine Ahnung hatten, wo und wann der Autocar von Bergamo ankommen würde, konnten wir Sie nicht abholen. Nur beten konnten wir für Sie, tutta la famiglia. Nicht umsonst, die Madonna hat Sie bewahrt. Es gibt so viele gottlose Kommunisten in unserer Stadt! Ich werde morgen der gebenedeiten Jungfrau in Santa Maria dei Miracoli eine Kerze anzünden.» – «Und ich meinem Herrgott für gnädige Bewahrung danken», seufzte ich. In Gedanken fügte ich bei: «Und ihn bitten, mich inskünftig vor weiteren läppischen Grosshansereien zu bewahren!»

Anderntags, am Ostermontag, wollten wir nach italienischem Brauch das Picknick im Freien einnehmen, wir, das heisst Zia Teresas Töchter, Colettis und ein halbes Dutzend anderer Verwandter. Die Tante selber zog es vor, daheim zu ruhen. Es hiess, man würde «al bosco» gehen. Mit schweren Körben voller

Geschirr und Viktualien belastet, trabten wir davon. Die letzten Häuser lagen bald hinter uns. Doch der «bosco» war nichts anderes als ein vergrastes Rebengelände, in welchem sich bereits viele andere Leute niedergelassen hatten. Von Waldesruhe keine Spur. Aber es war mir dennoch hundertmal wohler hier als im Aufschneiderhotel von Bergamo. Ich sprach Ostereiern und Salami wacker zu, begoss beides reichlich mit einem guten Landwein und dachte stillvergnügt an den letzten Vers in Goethes Osterspaziergang:

«Zufrieden jauchzet gross und klein:

Hier bin ich Mensch, hier darf ich's sein.»

Leider vergällte uns ein missgünstiger Wettergott dieses bukolische Dasein. Während ich mich behaglich im Grase ausstreckte, fiel mir unversehens ein grosser Tropfen auf die Nase, und gleich darauf fing es zu regnen an. Wir packten unser Zeug hastig zusammen und suchten eine nahegelegene geräumige Schutzhütte auf, die für die Festivitäten des Ostermontags zur Beiz hergerichtet worden war. Es gab dort allerdings nichts anderes zu konsumieren als Wein und Zigaretten. Immerhin konnten wir uns auf rohen Holzbänken niederlassen und auf papierbedeckten Tischen unser Mahl fortsetzen. Wäre nur der Platz nicht so eng und der Krach innerhalb und ausserhalb der Hütte nicht so infernalisch gewesen! Man schrie, lachte und stritt wild durcheinander. Eine Klarinette dudelte, unter dem Vordach wurde getanzt und brüllend Mora gespielt.

Jemand grölte das Lied von den «papaveri». Meine Leutchen kümmerten sich nicht um den Höllenlärm, sondern setzten in aller Seelenruhe ihr Schmausen fort. Signora Annina legte mir immer neue Salamischeiben auf den Teller, Zio Emilio füllte fortwährend mein Glas. Protestierte ich, sah er mich strafend an und fragte, ob mir das bescheidene Mahl einfacher Leute nicht gut genug sei. Es blieb mir nichts anderes übrig, als die Wurst heimlich in meinen Manteltaschen verschwinden zu lassen, und den Wein goss ich verstohlen auf den Lehmboden unter dem Tisch. Zum Glück war das Völklein bereits dermassen von Bacchus eingenebelt, dass es meine Missetaten nicht zur Kenntnis nahm. Und dann hätte ich dringend ein gewisses Örtchen aufsuchen sollen, aber das «Gabinetto» hinter der Schutzhütte war für Schweizer unbetretbar. Ich litt entsetzlich. Da kam mir unerwartet Gianfranco zu Hilfe. «Fräulein Bluem», flüsterte er mir ins Ohr, «Sie ganz bleich sind. Sie sicher Chopfweh händ. Ich au. Ich gnueg ha vo italienischem Rumore. Isch so vill stiller in Sciaffusa. Chomm, mir abschliiched zur Zia Teresa!» Das taten wir denn auch unverzüglich. Unterwegs nahm ich die Salamischeiben aus den ganz fettig gewordenen Manteltaschen und legte sie auf ein Mäuerchen, wonach im Nu ein Rudel grässlicher Köter sich auf die willkommene Beute stürzte und den Ostermontag auf seine Art und Weise feierte.

\*

Alle Unterstufenlehrerinnen atmen auf, wenn sie eine Klasse glücklich durch das erste Schuljahr gelotst haben. Nun sind die schweren Schritte des Anfanges getan, nun darf aus dem zaghaften Trippeln im Laufgitter ein immer kräftigeres Ausschreiten werden. Der Leseprozess ist gewonnen, der Zehnerübergang bewältigt. Zwei neue Rechenoperationen beleben das Arbeiten im Zahlenraum 0–100: die Multiplikation und die Division. Die ersten grammatikalischen Türen werden aufgetan. Das Kind beginnt zu begreifen, dass die gross geschriebenen Wörter von besonderer Wichtigkeit sind. Es erspürt intuitiv den Unterschied zwischen Verb und Adjektiv, es begreift, dass sich mit den einen dieser Wörter etwas tun lässt, die andern aber aussagen, wie Menschen und Dinge sind. Als Tun- und Wiewörter gehen sie deshalb ins kindliche Verständnis ein, wobei die pädagogisch und psychologisch geschickte Lehrerin möglichst vermeidet, den achtjährigen Schüler mit abstrakten Begriffen zu verwirren. Noch wurzelt er in diesem Alter ganz im Gefühlhaften, noch ist seine Erfahrung eine konkret-anschauliche, und alles Abstrakte überfordert ihn. Wenn ich heute, in der Rückschau, an meine Zweitklässler auf der Breite zurückdenke, beschleicht mich der leise Verdacht, dass ich damals diesen Gegebenheiten nicht unbedingt gerecht wurde. Die «Gluggere» war offenbar doch nicht in erster Linie ein einseitig emotionales Mutterwesen, sondern ebensosehr ein denkender Mensch mit einigen ausgeprägt männlichen Eigenschaften. Von frühester Jugend an empfand ich eine sonderbare Lust am Einordnen, Zergliedern, Bemessen und Katalogisieren. Ich erinnere mich lebhaft, wie ich die Tassen im Küchenschrank immer wieder so in Reih und Glied stellte, dass alle Henkel auf die rechte Seite schauten, eine Manie, die mir bis heute geblieben ist. Und als Kantonsschülerin reizte mich im naturwissenschaftlichen Bereich am meisten das Systematische. Bei dieser Veranlagung konnte ich mich nicht enthalten, meine Schüler so schnell wie nur möglich zum Begreifen gewisser grammatikalischer Regeln zu bringen. Kaum hatten sie den Begriff Tunwort einigermassen verdaut, schlug ich ihnen schon die Hilfsverben um die Köpfe, immerhin phantastisch eingekleidet in vertraute Bilder aus dem Märchenreich. Das Haupthilfsverb «sein» war das Schneewittchen, «haben» der Prinz, der es erlöste, «werden» des Königssohns treuer Begleiter. Wollen, Sollen, Können, Müssen, Dürfen, Mögen, Lassen hiessen die Zwerge, die vor Schneewittchens gläsernem Sarge weinten. Mit Feuereifer machten wir auf diese Herrschaften Jagd, und ich kam mir dabei wie die genialste Schulmeisterin der Welt vor. Bei den heutigen Unterrichtsmethoden wäre mir dieses rasche Vorprellen ins Reich der Grammatik als höchst unpsychologisch angekreidet worden. Man hätte mir vorgeworfen, den kleinen Schüler intellektuell überfordert zu haben. Auch in der Rechenstunde ging ich zu stürmisch ins Zeug. Anhand der berühmten Reinhardtabelle übte ich das kleine Einmaleins und ruhte und rastete nicht, bis auch der Schwächste der Klasse mit den verschiedenen Reihen auf vertrautem Fusse stand. Wieweit die einzelnen Zahlenwerte dabei zu klar vorstellbaren Begriffen wurden, überlegte ich mir nicht. Für mich war die Hauptsache die, dass «die Sache sass». Es war im Grunde ein rein mechanisches Einpauken nach den ältesten Methoden der traditionellen Lernschule; weil wir aber unsere Zahlenturnereien immer in vergnügliche Spiele verwandelten, machten alle Schüler begeistert mit, sogar die schwachen; denn sie erhielten für ihr Versagen Trostpreise in Form von Haselnüssen und gedörrten Aprikosen. Dabei bemühte ich mich unablässig, meinen Zöglingen ans Herz zu legen, dass der liebe Gott seine Menschenkinder mit recht verschiedenen Gaben ausgestattet habe, und ich verbot ihnen strengstens, sich über diesen oder jenen Mangel ihrer Mitschüler lustig zu machen, sonst hätten sie es mit mir und meinem Stecken zu tun.

Zwei schwach begabte Zwillinge aus sehr armen Verhältnissen nahm ich in meinen besonderen Schutz. Im Lehrerzimmer hatte man mich vor ihren Eltern gewarnt: «Krümmen Sie den beiden ja kein Härchen, sonst erleben Sie die schönsten Auftritte mit ihren Erzeugern! Fertiges Hudelvolk.» Ich nahm mir den Wink zu Herzen, aber nicht nur aus Angst vor gewissen Folgen. Im selten gewaschenen Gesicht des Mädchens stand der Ausdruck eines stummen Flehens, der mich bewegte. Auch der Bruder sah mit einer bedrückenden Hilflosigkeit um sich, und in der Schulpause wagten beide nicht, sich in die Spiele der anderen zu mischen. Hand in Hand sah ich sie oft an einer Ecke stehen. «Sie müssen kreuzunglücklich sein», dachte ich im stillen, «aber warum?» Ich wagte nicht, sie auszufragen, sondern gab mir einfach Mühe, ihnen Liebe entgegenzubringen. Bis heute freue ich mich, dass ich es tat. Eines Tages im Spätsommer stand nach vier Uhr die Mutter der Zwillinge vor meiner Schultüre und drückte mir einen wunderschönen Blumenstrauss in die Hand. «Der kommt aus dem Schrebergarten, den wir bebauen», sagte die Frau. «Vielleicht freuen Sie sich an diesen Blumen. Unsere Zwillinge gehen so gern zu Ihnen in die Schule. Sie geben ihnen gar nie zu spüren, dass wir so verachtete Leute sind. Mein Mann war schon zweimal im Gefängnis wegen Diebstahls, und er trinkt und prügelt die Kleinen nach Lust und Laune. Sieben haben wir...» Sie konnte nicht weiterreden. Dicke Tränen liefen ihr übers Gesicht. Bevor ich ein paar Worte der Teilnahme gefunden hatte, war sie verschwunden. In tiefer Bewegung trug ich ihre Gabe in meine Schulstube. Es war ein Strauss von einmaliger Schönheit, mit geradezu künstlerischem Geschmack zusammengestellt, ein wunderliebliches Arrangement von Astern und Rosen, Dahlien und Schleierkraut. Ich stellte ihn mit gebührender Sorgfalt in meine schönste

Vase und dachte: «Wieviel Gemüt, wieviel seelische Zartheit lebt oft im Herzen des einfachsten Volkes, und wieviel Mütter und Kinder wachen in Not und Leid auf! Wir Privilegierten aber gehen blind an Kummer und Verzweiflung vorbei. Noch weniger nehmen wir uns die Mühe, nach dem verborgenen Schönen im Gewand der Armut, ja des Elends zu suchen. Und dabei reden wir uns ein, Christen zu sein!»

Wenige Wochen bevor mein zweites Breitejahr zu Ende ging, erhielt ich eine Anfrage vom Schulrat, ob ich gewillt wäre, in der Rabenplatz-Baracke am Rhein eine vierte Klasse zu übernehmen. Man sei der Überzeugung, mein handfestes und leistungsfreudiges Schulhalten sei den Anforderungen dieser Stufe gewachsen. Ich geriet in die grösste Aufregung. Der vorgeschlagene neue Schulhauswechsel lockte mich keineswegs. Das Arbeiten im schönen neuen Schulhaus und das gute Einvernehmen mit dem ganzen Lehrerkollegium, dessen Vorsteher mein geschätzter ehemaliger Methodiklehrer am Seminar gewesen, machte mir das Jasagen schwer. Aber dann standen plötzlich alle Anstrengungen des Erstklass-Unterrichtes plastisch vor meinem innern Blick, die entsetzliche Mühe, quecksilbrige Kindergartenknirpse in disziplinierte «Grossschüler» umzukrempeln. Und das alle zwei Jahre, fort und fort bis zur Pensionierung. Wie lange würde mein frauliches Entzücken über die «Schnusligkeit» dieser Kleinen dem Leistungsverlangen der Klettgauer Bauerntochter standhalten? Wie lange würde ich bei fortschreitender nervlicher Abnützung jene Geduld aufbringen, die der Unterstufenschüler benötigt? Hatte ich mich am Ende doch getäuscht im Glauben daran, ein Leben lang bei den Kleinen glücklich zu sein? In einer vierten Klasse konnte man bereits spannende Geschichten lesen und sich tummeln im verlockenden Feld der Heimatkunde ... Novarum rerum cupidi ... «Stets erpicht auf Neues ...» Riesengross flammten die Schicksalsworte meines keltischen Herkommens vor mir auf. Ich überlegte mir die Sache einen einzigen Tag – und antwortete darauf dem Schulrat durch den Oberlehrer, dass ich gerne bereit sei, den Versuch an der Mittelstufe zu wagen.

*IV. Teil*

*RABENPLATZ-ROMANTIK*

Das kleine Hilfsschulhaus auf dem Rabenplatz – der Name bezieht sich auf das Haus «Zum Raben» in der Unterstadt von Schaffhausen – wurde 1918 erbaut und 1961 wieder abgebrochen. Man redete in der ganzen Stadt von der Rabenplatz-Baracke; aber es war keine Baracke im eigentlichen Sinn, nämlich kein Holzbau, sondern ein niedriges, gemauertes Gebäude, das lediglich fünf Klassenzimmer enthielt. Während des Zweiten Weltkrieges hatte man sie ihrem eigentlichen Zweck entfremdet; die Schaffhauser holten dort ihre Lebensmittelkarten. Jetzt waren zwei davon dem Kaufmännischen Verein zugeteilt. In den drei andern wurde Elementarschule gehalten.

Im Frühling 1955 bezog ich das westliche Eckzimmer des Schulhäusleins. Seine Ausstattung war noch um einiges schäbiger als die des Notzimmers auf der Steig. Das Mobiliar stammte eindeutig aus der Rumpelkammer des städtischen Bauamtes. Mit der urväterischen Doppelwandtafel hatte ich als technisch gänzlich unbegabtes Frauenwesen lange Zeit meine liebe Not. Bis ich begriffen hatte, wie sich die beiden schwarzen Flächen umkippen liessen, lachten meine

Viertklässler sich halb krumm. Dies um so mehr, als ich auch hier wieder ein Fussbänklein benötigte. «Klein und dick hat kein Geschick», heisst es im Märlein vom König Drosselbart. Ob meine Schüler an dieses Verslein dachten, wenn ich hilflos an der verflixten Tafel herummanövrierte und dabei heillos aufpassen musste, dass das Bänklein unter mir nicht ins «Gnepfen» kam? Es war nicht unbedingt nur gutmütiger Spott, der mir aus den Gesichtern dieser gerissenen Unterstadt-Jüngelchen entgegenschlug. Das war eine Sorte für sich, mit allen Wassern gewaschen, eng verbrüdert im Stolz, Unterstädtler zu sein. Und ich war die erste Mittelstufen-Lehrerin der Stadt, und die grossen, gefitzten Burschen ärgerten sich grün und blau, dass man ihnen eine «Tante» auf den Hals gehetzt hatte, eine unattraktiv-pummelige mit einem altmodischen «Trüdel» am Hinterhaupt. Einer sagte mir später im Vertrauen: «Wenn Sie wenigstens eine junge, hübsche Schabe gewesen wären! Aber da mussten Sie in Dreiteufelsnamen immer noch in der bauschigen Werktagstracht aufmarschieren, die Sie mit ihren tausend Falten noch runder machte, als Sie waren. Einige von uns nannten Sie heimlich nur ‹Puuretotsch›.»

Es war kein ergötzliches Beginnen. Die meisten Mädchen brachten mir zwar rasch gutmütiges Vertrauen entgegen. Sie störten Tante, Tracht und Trüdel nicht. Die Buben aber, gekränkt in ihrer Unterstadt-Männlichkeit, bockten aus Prinzip. Ich spürte ihren

Widerstand und bereute bitter, dass das vertrackte «novarum rerum cupidi» mich in dieses Abenteuer gelockt hatte. Oh, wie sehnte ich mich nun nach dem schönen neuen Breiteschulhaus zurück, nach den «schnusligen» Butterblümchen aus dem Hauental und der Sommerwiessstrasse, nach den Kirschaugen Gianfrancos und den begeisterten Rufen Antonios: «Pfräu Buem, Pfräu Buem!» Zu spät, die Würfel waren gefallen, jetzt galt es, den Rücken steif zu machen und den Gassenbuben aus dem Fischerhäuser-Quartier die Zähne zu weisen. «Entweder ihr oder ich», dachte ich grimmig, «aber eine von beiden Parteien muss hier Meister sein!» Also stemmte ich die Fäuste in die Hüften und sagte: «Und dass ihr es zum voraus wisst, ich rede unverfälschten Wilchinger Dialekt und mache keine Zugeständnisse an eure verpanschte Stadtmundart. Ein Mensch mit Charakter bleibt seiner Muttersprache treu. Also: E Zaane voll Saapfe d Laatere abschlaapfe. Und wär drüber lachet, chunt aas uf de Püntel über! Überhaupt bin ich stolz darauf, Wilchingerin zu sein. Die Wilchinger haben als die allerersten schweizerischen Untertanen im 18. Jahrhundert den ungerechten städtischen Junkern die Zähne gezeigt. Mein Ur-Ur-Ur-Ur-Urgrossvater Tobiassenjagg war der Rädelsführer. Sie haben ihn in der Stadt eingesperrt; aber er konnte sich auf abenteuerliche Art und Weise aus dem Kerker befreien. Wenn ihr gut tut, werde ich euch einmal seine Geschichte erzählen. So, jetzt wisst ihr, woran ihr mit mir seid!» Es muss ziemlich drohend geklungen haben; denn alle blickten mich bestürzt an. Nur der grosse blonde Toni lachte herausfordernd: «Hoho!» Im nächsten Augenblick fitzte ich ihm eins mit dem Meerrohr über den Rücken, und jetzt schrie er nicht mehr: «Hoho!», sondern: «Au, Au!» Mit geschwelltem Busen setzte ich mich als Siegerin auf das schittere Pult. Der damalige Schulrat war zwar knauserig, aber in Sachen Disziplin von der alten Schule. Er drückte die Augen zu, wenn ausnahms- und verdienterweise in einer städtischen Schulstube der Stecken gehandhabt wurde. Das imponierte mir. Bei mir zu Hause stak noch bis in die fünfte Klasse die Rute hinter dem Spiegel, und die Mutter musste damit gelegentlich ihr wildes Töchterchen «zobeln». Ich hab' ihr deswegen nie gezürnt, wohl wissend, dass ich die Strafe verdient hatte, und die Grossmutter gab den Segen dazu mit einem Bibelwort aus den Sprüchen Salomonis: «Wer sein Kind lieb hat, züchtiget es bald.» Sie war eine begeisterte Leserin des Alten Testamentes, und ich habe diese Vorliebe mit ihr geteilt. Wir sagten zwar nicht wörtlich: «Auge um Auge, Zahn um Zahn!», aber wir waren der festen Überzeugung, auf einen groben Klotz gehöre ein grober Keil. Ich glaube, wir sind mit dieser derb-bäuerlichen Einstellung gar nicht übel gefahren. In den ersten Rabenplatz-Wochen kam sie mir kräftig zu Hilfe, mindestens was meine Mundart anbelangt.

Es hat keiner mehr gelacht, wenn ich «aas» und «zwaa» sagte. Und so durch alle meine künftigen Stadtschuljahre hindurch. Jedes von ihnen endete mit dem für mich höchst vergnüglichen Fazit, dass die halbe Klasse bald so «braat» Wilchingerisch redete wie ich selber.

\*

Mit den Röschen von der Steig und den Butterblümchen auf der Breite hatte ich keine Veranlassung gehabt, meinen alttestamentarischen Erziehungsmethoden zu frönen. In der Rabenplatz-Baracke aber wehte ein anderer Wind. Wenn ich mit dem blonden Toni und seinen Anhängern zu Rande kommen wollte, ohne dabei mit Hilfe des Meerrohres meine frauliche Würde einzubüssen, dann konnte das nur geschehen im Dienste einer untadelig gerechten Disziplin. Kinder haben ein unglaubliches Sensorium für Gerechtigkeit. Sie akzeptieren jede Strafe, von der sie wissen, dass sie verdient ist. Eine ungerecht ausgeteilte indessen verzeihen sie nie. Im Wissen um diese Gegebenheit zerbrach ich mir den Kopf, auf welche hieb- und stichfeste Art und Weise ich meine wilden Unterstädtler bändigen könnte. Ich entwarf eine Tabelle mit den Rubriken: «Schwatzen, schwänzen, zu spät kommen, Aufgaben nicht machen, falsche Verbesserungen», die allezeit offen auf meinem Arbeitstisch lag. Fünf «Bös-Striche» trugen eine Strafaufgabe ein, drei Strafaufgaben einen zweistündigen Arrest. Immerhin räumte ich den Betroffenen die Möglichkeit ein, sich mit «Gut-Strichen» wieder aus der Affäre zu ziehen. Denn jeder gute Strich löschte einen bösen aus. Meine Kollegen schüttelten den Kopf über diese wunderliche Buchhaltung; doch ich liess mich nicht beirren. Meine Soll- und Haben-Liste machte der Klasse offensichtlich Eindruck. Sooft ich bei Schulbeginn erschien, sah ich Knaben und Mädchen dichtgedrängt meinen Arbeitstisch umringen und die Köpfe über ihrem Tugend- und Sündenregister zusammenstecken. Ich genoss das Schauspiel mit heimlichem Schmunzeln, obwohl diese pedantische Verrechnerei mich übel belastete. Andauernd musste ich meine Schar mit Sperberaugen unter Kontrolle halten und den Unterricht immer wieder unterbrechen mit dem Ruf: «Heini, ein Schwatzstrich! Barbara, zwei Striche für liederliche Verbesserungen!» Ja, es war sehr anstrengend, aber von erfreulich disziplinarischer Wirkung. Toni und Konsorten hatten die Schlacht verloren, der «Puuretotsch» sie gewonnen. Ausserdem hatte mein ausgeklügeltes Kontrollsystem noch den unschätzbaren Vorteil, dass es mich vor unmotivierten Angriffen aufbegehrender Eltern schützte. Erschien so ein zürnender Vater oder eine erboste Mutter nach Schulschluss in meinem Klassenzimmer, um gegen Strafaufgaben oder Nachsitzen ihrer Zöglinge zu protestieren, konnte ich ihnen in aller Seelenruhe meine Wundertabelle unter die Nase halten, wonach sie in der Regel wesentlich sanftmütiger von dannen zogen. Die Schüler selber fanden sich erstaunlich rasch mit der Tabelle ab. Einer von ihnen schrieb mir neulich: «Ich bin gern zu Ihnen in die Schule gegangen, trotz Ihrer fürchterlichen Strichlichkeit. Und willig haben wir Ihnen diese Tüpflischeisserei abgekauft, weil Sie uns jeden Samstagmorgen die tollsten Geschichten erzählten, sogar wenn wir es gar nicht verdienten.»

*

Von Woche zu Woche gefiel mir das Leben in der Schulbaracke besser. Da hatte ich sie ja wieder, meine geliebte «Ecole buissonnière», und vor ihren Fenstern fluteten die grünen Wogen des damals noch kaum verschmutzten Rheines. Im Schulzimmer drinnen herrschte eine Art Burgfriede, soweit er sich mit meinen gerissenen Unterstadtburschen praktizieren liess. Kein Wundertäter kann aus wilden Böcklein sanftmütige Bählämmchen machen, schon gar nicht in einer Gegend, wo nach alter Überlieferung einst ein Häuslein mit Schafen und Widdern stand. Trefflich passte für unsere Schulstube das Schaffhauser Wappenbild vom Schafbock, der aus dem Turme springt. In besonders dramatischen Stunden nahmen sich meine Wildfange auch nicht die Zeit, ordnungsgemäss aus der Schulzimmertüre zu gehen. Kopfüber stürzten sie aus den Fenstern, wenn – wie es zweimal geschah – ein liederlich parkiertes Auto in den Rhein hineinrollte oder wenn das Waschschiff bei der Badeanstalt sich selbständig machte. Immer wieder war rund um die Baracke etwas Phantastisches los, dessen Miterleben ich meinen Schülern grosszügig gönnte. So fingen sie sachte an, Tante, Tracht und Trüdel trotz aller Strichlichkeit zu akzeptieren. Die ruppigsten Burschen eilten mir zu Hilfe, wenn die verflixte Wandtafel «Stempeneien» machte, und sie stritten sich um die Ehre, die Pumpe der archaischen Knautsche bedienen zu dürfen, damit ich die Lieder zweistimmig spielen konnte. Die Mädchen brachten mir ihr Poesiealbum zum «Dreindichten». Ich amüsiere mich nachträglich über mich selbst, wenn ich an die moralintriefenden Verse denke, mit denen ich die lieben Kinder beglückte. Eine Sammlung dieser Reimdich- oder Frissmich-Sprüche ist mir kürzlich in die Hände gefallen. Ich kann es mir nicht verklemmen, meinen Lesern ein Müsterchen zu servieren:

Deine Eltern und Erzieher
haben treu in dich gelegt
jenen Samen, der für Gottes
Reich die besten Früchte trägt.
Lass ihn dankbar in dir keimen,
hab' auf jedes Körnlein acht!
Gottes Liebe wird dir's lohnen
und dich segnen Tag und Nacht.

Nur gut, dass meine beiden Rabenplatz-Kollegen diese Schnulzen nicht zu Gesicht bekamen! Beide waren nämlich jung, gescheit und aller Sentimentalität abhold. Mit Vergnügen denke ich an sie zurück. Herbert, der ältere, war mir schon von der Breite-Zeit her bekannt. Wir nahmen damals zusammen im «Schützenhaus» das Mittagessen ein und freuten uns wie Kinder, wenn der Wirt als Meisterkoch für uns Spezialgnocchi zubereitete (ich habe nie mehr bessere zu kosten bekommen!). Herbert war aus Prinzip der alten Lernschule verpflichtet und ein recht strenger Schulmeister, aber vorbildlich unparteiisch. Hans, der jüngere, hielt die Zügel eher locker in den Händen, meisterte indessen seine Zöglinge durch die sanfte Gewalt überdurchschnittlicher künstlerischer Begabungen. Er zeichnete und musizierte grossartig. Bei beiden Kollegen konnte ich viel lernen, bei Herbert diszipliniertes und speditives Schaffen, bei Hans belebende künstlerische Auflockerung des Unterrichts. Seine Wandtafelzeichnungen sind mir unvergesslich; ich bedauerte es jedesmal, wenn er sie kaltblütig wieder mit dem nassen Schwamm austilgte. Den Schulgesang begleitete er mit selbstgemachten Xylophonen und Triangeln. Er führte sogar mit seinen Kindern Bresgens «Struwwelpeter-Kantate» auf.

Wir waren alle drei ausgeprägte Individualisten und genossen es ungemein, dass wir in der Rabenplatz-Dépendance unsere eigenen Herren und Meister waren.

Der Oberlehrer sass «weit entfernt» im Gega-Schulhaus und hatte keine Zeit und Lust, uns kleinlich zu kontrollieren. Um so mehr bemühten wir uns, keine Freiheit zu missbrauchen. Soweit sie uns aber zustand, genossen wir sie in vollen Zügen, besonders in den grossen Pausen. Während die anderen städtischen Schulmeister in verräucherten Lehrerzimmern zusammensassen und dort endlos pädagogische Probleme wälzten oder über allzu knappe Teuerungszulagen klönten, schlenderten wir dem Rhein entlang, pumpten unsere Lungen voll mit dem erfrischenden Wassergeruch und ereiferten uns über neue Kunst. Tobias, einer meiner damaligen Viertklässler, der weitaus hellste von allen – er ist ebenfalls Lehrer geworden –, sagte mir kürzlich lachend: «Und die Nutzniesser eurer interessanten Diskussionen waren wir Schüler. Im Eifer des Gefechtes habt ihr oft vergessen, die Pause nach einer Viertelstunde abzubrechen.» Ich bin indessen mit Herbert der Meinung, dass dies selten geschah. Wir riskierten nicht, unsere beglückende Unabhängigkeit durch Übermarchungen aufs Spiel zu setzen. Es wäre uns auch nie eingefallen, im Freistündlein Kaffee zu lappen, wie das heute in allen Lehrerzimmern zu Stadt und Land Mode ist, eine Unsitte, mit der ich mich nie befreunden konnte. Statt unsere Nerven mit Koffein aufzupeitschen, füllten wir unsere Lungen mit Sauerstoff und bissen dazu in einen schönen Apfel. Wenn es regnete, hockten wir auf den Scheiterbeigen im breiten

Schulhausgang (natürlich besass die Baracke weder Lehrerzimmer noch Zentralheizung), während unsere Schüler in den Klassenzimmern tobten. Gemütlichere Pausen habe ich nie mehr erlebt, gesündere schon gar nicht; denn wenn es nicht gerade Katzen hagelte, gingen wir im Freien auf und ab. Nicht satt sehen konnten wir uns am kraftvollen Strömen des Rheins. Oder wir staunten über die Geduld der Fischer, die reglos am Ufergeländer standen und mit einer fast irren Ausdauer auf das Zucken der Angelschnur warteten. Im Winter ergötzten wir uns am Spiel der Möwen, die unsere Brotwürfel akrobatisch im Flug erhaschten oder uns sogar aus den Händen pickten. Nur eines verstimmte uns Wasser-, Fisch- und Möwenfreunde, nämlich der widerwärtige Umstand, dass sämtliche Köter der Unterstadt den Grünstreifen neben unserem Schulhäuslein als «Toilette» benützten.

Von diesem chronischen Hundeärger abgesehen, schloss ich die Unterstadt rasch in mein Herz. Ich begann zu begreifen, warum ihre Bewohner wie Pech und Schwefel zusammenhalten. Es liegt über diesem alten Stadtteil ein ganz besonderer Charme. Ist es die mittelalterliche Art und Weise, wie hier die schmalen Häuser sich aneinanderschmiegen, manche von ihnen mit einem kleinen Erker, viele mit gotisch angeordneten Fenstern versehen? Ist es das gewisse Etwas eines Läufergässchens, in welchem die wildeste Stadtjugend herumtobt, autoungeschoren? Und war es für mich –

einmal mehr – der Genius loci des Historischen, der mich bestrickte? Über das Ufergeländer gelehnt, hörte ich im Geist den legendären Fährmann «Holüber!» rufen. Ich sah schwerbeladene Korn- und Salzschiffe vom Bodensee herunterkommen, erlebte in der Vorstellung, wie ihre kostbare Fracht auf Räderkarren umgeladen und zum Schlösslein Wörth hinuntertransportiert wurde. Bewaffnete Gesellen schlichen vom alten Zwingolf durch unterirdische Gänge zum Schwarztor hinunter. Das «Nüniglöggli» wimmerte in Nacht und Sturm. Das Kriegsvolk des höhnischen Bilgeri von Heudorf verwüstete die gepflegten Reben des Heerenberges. Oder ich stellte mir die salbungsvollen Mienen jener weisen Ratsherren vor, die während des Dreissigjährigen Krieges infolge Geldmangels auf den Ausbau des Munots verzichteten und resignierend «die Stadt dem lieben Gott anvertrauten». Rund um meine Ecole buissonnière war alles dramatische Vergangenheit. Wie freute ich mich auf den Heimatkunde-Unterricht im Winter, in welchem ich meinen Rabenplätzlern die spannende Geschichte ihrer engsten Heimat schildern durfte!

Aber vorerst standen wir mitten im Sommer. Die Tage wurden länger und heisser. Die aufsteigende Sonne erwärmte auch die Wasser des Rheins, und damit fing mein stilles Leiden an. Die Stunde nahte, in der ich meinen Schülern ein fürchterliches Geständnis ablegen musste. Der Lehrplan verpflichtete mich nämlich, bei schönem Wetter mit der Klasse baden zu gehen. Also musste ich ihnen eines Tages klein und hässlich gestehen, dass ich nicht viel besser als ein Wetzstein schwimmen konnte. Auf der Unterstufe war das nicht tragisch gewesen. Da hatte es ja genügt, wenn ich im Kinderhägli mit meinen Kleinen ein wenig «Anspritzerlis» spielte. Was würden meine Unterstädtler, alle geborene Wasserratten, von mir halten, wenn ihre alte, pummelige Trüdeltante kaum zehn anständige Züge zu produzieren vermochte? Den ganzen Mai und Juni hindurch betete ich um einen kühlen Regensommer. Und tatsächlich, bis Ende Juni war es regnerisch und das Rheinwasser winterlich kalt. Still und verlassen lag die nahe Badeanstalt vor unserer Schulbaracke. Doch zwei Wochen vor den Sommerferien kletterte das Barometer rapid nach oben, und eines Tages erscholl vom nahen Strom herüber ein alarmierender Lärm in unsere Schulstube: die Fanfaren der beginnenden Badesaison.

Mein Schicksal war besiegelt, ich musste «ran». Aber ich verzögerte den Start so lange wie nur möglich. Bei der ersten Badestunde heuchelte ich Rheuma im Schulterblatt und stand angekleidet neben dem Sprungbrett, von dem meine Burschen im elegantesten Bogen hinunterflitzten. Zwei Tage später hatte ich das Zipperlein im Handgelenk. Während die ganze Stadt Schaffhausen beselig die steigende Temperatur ihres Rheinwassers genoss, klopfte ich jeden Abend ans

Barometer in der Hoffnung, es sinken zu sehen. Nichts dergleichen. Und keine Schäfleinwolken stiegen auf, keine Wasserleitung schwitzte, keine Katze frass Gras. Petrus hatte sich entschieden auf die Seite meiner Schüler gestellt.

Bald jedoch widerten mich meine faulen Ausreden an. Mit dem Mut der Verzweiflung trat ich eines Tages vor meine fünfundvierzig Rheinplanscher und bekannte rundheraus: «Kinder, ich muss euch etwas gestehen. Es ist nicht wegen dem Rheumatischen, dass ich nicht baden kann. Ich habe einfach Angst, ganz gemeine, idiotische Angst vor dem tiefen Wasser. Wisst, als ich einmal badete im Murtensee, bekam ich einen Asthmaanfall und ertrank beinahe. Seither schwimme ich nur noch dort, wo ich jederzeit abstehen kann. Im tiefen Wasser geht mir sofort die Puste aus.»

Ich schwieg, wischte mir den Schweiss ab und dachte trostlos: «So, jetzt kannst du zusammenpacken! Jetzt hast du trotz deiner Erzählkunst und deiner berühmten Gerechtigkeit ausgespielt.» Ich liess den Kopf hängen und wartete auf Tonis hohnvolles: «Hoho!» Aber es blieb aus. Es blieb überhaupt alles mäuschenstill rundum. Statt verächtlich sahen mich fünfundvierzig Augenpaare mit tiefem Mitleid an. Es war eines der schönsten Erlebnisse meiner Lehrerzeit. Seither vermag nichts mehr meinen Glauben an das Gute im Kinderherzen zu erschüttern.

Noch am gleichen Tage gelobte ich mir, meiner törichten Wasserangst auf den Leib zu rücken. Hatte ich soeben mit tollkühnem Geständnis meine Autorität aufs Spiel gesetzt, galt es nun, am praktischen Beispiel zu beweisen, dass nicht Schwachheit an sich eine Schande ist, sondern das feige Ausweichen vor dem Kampf. Jeden Morgen, ehe die Schule begann, jeden Mittag und jeden Abend steckte ich nun in der Badeanstalt und trainierte. Vor und hinter und neben mir schwaderten meine Kinder, als wären sie alle mit Schwimmhäuten auf die Welt gekommen, in überwältigender Hilfsbereitschaft darauf erpicht, mich sofort zu retten, falls ich untergehen sollte. Toni, der beste Schwimmer der Klasse, stand hoch auf der Rampe und erteilte mir fachgemässe Ratschläge: «Weit ausholen, langsam, langsam, Beine mehr anziehen!» Im Unterricht war er kein Kirchenlicht, im Wasser aber ein wahres Genie. Und wie er sich sonnte im Wissen um diese seine Tüchtigkeit, besonders, wenn er mir eine berechtigte Rüge erteilen durfte: «Falsch, bodenfalsch, stossen Sie doch kräftiger ab!»

Nach und nach überwand ich meine lästige Wasserscheu, und meine Fortschritte wurden in allen Häusern der Unterstadt kommentiert. Unbekannte grüssten mich auf der Strasse, und wenn ich verlegen sagte: «Es tut mir leid, ich kenne Sie nicht», kam lächelnd die Antwort: «Macht nichts, ich habe gesehen, wie Sie mit Hilfe Ihrer Schüler schwimmen lernten.»

Kurz vor Ferienbeginn war ich so weit, dass ich das Kinderbecken mit der bodenlosen Tiefe des sogenannten «Frauenhäglis» vertauschen durfte. Nach einem stillen Stossgebet zum Himmel vertraute ich mich den Wogen an und landete, begleitet von unzähligen Bravorufen meiner Schüler, wohlbehalten, aber mit zerbissenen Lippen an der untern Treppe.

Am andern Morgen lag eine grosse Schokolade auf meinem Pult mit dem Vermerk: «Unserer tapferen Lehrerin als Anerkennung für ihre grossartigen Schwimmleistungen.» Ich merkte wohl den Spott hinter dem Wörtlein «grossartig», war aber trotzdem selig wie ein Kind am Weihnachtstag.

Dann liess ich einen Aufsatz schreiben über das Thema: «Badefreuden», und wer Lust hatte, durfte ein Bildlein malen dazu. Da war aber auch nicht einer meiner Schüler, der nicht mit Feder und Farbstift das grosse Badeereignis der Saison kunstreich zu gestalten versuchte. Das gab eine kurzweilige Aufsatzkorrektur! «Unsere Lehrerin hat trotz ihres hohen Alters noch schwimmen gelernt», hiess es da an einem Ort, und an einem andern: «Sie hat es ganz gut kapiert, weil die Dicken ja nur auf das Wasser liegen müssen.» Am meisten ergötzte mich Tonis Produkt:

«Unsere Leererin hat jezt gotlob auch noch schwimen gelernt, es brauchte aber etwas. Ich habe fescht geholfen, die andern auch, aber nicht so fescht wie ich. Meine Schwester hat gesagt, ihr seit arme, das ihr zu einer in die Schule müst, die nicht einmahl schwimen kann. Da habe ich gesagt, das verstehscht du nicht, weil sie Aschtma hat, dan bekomt sie keine Luft und verschtickt fascht. Dafür kann sie tichten, das kan dein Lehrer nicht. Ich bin jetzt aber doch froh, das sie es gelernt hat, wegen den andern, die uns auslachen, weil wir in der Virten noch ein Vräulein haben. Jetzt können sie nichts mehr sagen. Wir sind alle froh».

Der Sommer verglühte langsam, und das kalt und kälter werdende Wetter erlöste mich von der unaustilgbaren Angst, im «Frauenhägli» doch noch ertrinken zu müssen. Der Komplex schien unausrottbar. Ich schwamm, wenn es unbedingt sein musste, aber: «Fragt mich nur nicht wie!» Oh, wie glücklich war ich, als der Lärm in der nahen «Badi» von Tag zu Tag schwächer wurde! Dafür drang jetzt, wenn eine milde Septembersonne uns erlaubte, die Fenster der Schulstube zu öffnen, bereits das hässliche Möwengeschrei an unsere Ohren. So sehr ich es verabscheute, jetzt kam es mir vor wie Schalmeienmusik, verkündete es doch untrüglich den Beginn einer Jahreszeit, in welcher der Rhein nur noch zum Fischen taugte, abgesehen von der Badewut der wenigen Verrückten, die sich noch bei fünf Grad über Null in seine grünen Wogen stürzten. Aber es ist dafür gesorgt, dass es dem Menschen nie zu wohl wird. Kaum war ich von einem Martyrium befreit, erwartete mich ein anderes, schlimmeres. Das stand in Gestalt eines Ölofens in der linken hintern Zimmerecke und stank fürchterlich. Von Kindesbeinen an litt ich unter einem ungewöhnlich sensiblen Geruchsempfinden, das ich bis heute so wenig los wurde wie die alberne Wasserscheu. Und die Gerüche, die dieser Ofen verströmte, beleidigten meine Nase mehr als die gemeinste dörfliche Schweinejauche. Ausserdem litt ich damals schon, mit zweiundvierzig Jahren, an der fixen Einbildung, krebskrank zu werden, eine Vorahnung, die sich leider nicht als Hirngespinst erwies. Ölofenabgase aber, das hatte ich wiederholt gelesen und gehört, wirken im höchsten Grade krebserregend. Am ersten Tage schon, an welchem der Apparat zu funktionieren begann, sah ich in ihm einen Todfeind, der mir nach dem Leben trachtete. Dass der Kerl in der Tat nicht gerade nach Veilchen und Rosen duftete, war keine hysterische Einbildung von mir. Der Boden rings um das Schutzblech war nämlich mit verschüttetem Heizöl wie durchtränkt, und sobald der Ofen brannte und seine nächste Umgebung erhitzte, begann die Stinkerei. Überdies war der Kamin des niederen Gebäudes auf Holzfeuerung eingerichtet und für Ölheizung zu weit und zu kurz. Die Abgase zirkulierten nicht richtig und schlugen sich bei schlechter Wetterlage kaminabwärts. Die Schüler, die in der Nähe des Ofens sassen, klagten beständig über Kopfweh. Das städtische Bauamt tat sein Bestes und kontrollierte den Brenner gewissenhaft; doch der Schornstein konnte begreiflicherweise nicht mitten im Winter abgerissen und durch einen andern ersetzt werden, zumal der Abbruch der Schulbaracke nur noch eine Frage der Zeit war. Man empfahl uns lediglich, häufig zu lüften. Das taten wir denn auch, mit dem Ergebnis, dass die Schüler in Fensternähe mit den Zähnen klapperten und sich dauernd erkälteten, während die Ofennachbarn schwitzten und des öftern mit unmissverständlichen Gesten über ihre schmerzenden Stirnen fuhren.

So ging es weiter bis kurz vor Weihnachten. Da machte ein merkwürdiges Ereignis zwar nicht dem Ölofen, sondern der Gestankquelle auf dem Boden ein Ende. Das kam so: Meine Unterstadtbuben redeten einen ziemlich harschen Gassenjargon, der mich, soweit er in einem gewissen Rahmen blieb, nicht aufregte. Ich legte meine Kraftausdrücke auch nicht auf das Goldwäglein, und meine Sprache war, wenn ich zürnte, alles andere als damenhaft. Zweierlei aber vertrug ich nicht, nämlich Flüche, die den Namen Gottes missbrauchten, und das Schimpfwort «Siech». Sooft ich es hörte, brachte es mir in Erinnerung, dass das Adjektiv «siech» ein Synonym für «krank» ist, weshalb man heute noch von Siechtum und Dahinsiechen redet. «Sondersiechen» nannte man die Aussätzigen, die von den Gesunden streng abgesondert wurden. In jeder Schweizer Stadt gab es ein Sondersiechenhaus; das berühmteste ist unauslöschlich in die Schweizergeschichte eingegangen, nämlich dasjenige von St. Jakob an der Birs. Das Schaffhauser Aussätzigenasyl befand sich oben auf der Steig, neben meiner geliebten Hurterschen Armenschule. Heute dient es als Altersheim. Aber eine uralte, an der Hausmauer befestigte Opferbüchse und eine Tafel mit altmodischen Bildern und Inschriften erinnern heute noch an seine traurige Vergangenheit. Der obere Bildteil zeigt das Sondersiechenhaus in seiner ursprünglichen Gestalt, neben ihm die Heilige-Dreikönigs-Kapelle, das sogenannte «alte Steigkirchlein», das 1894 abgebrochen wurde; es war dem Gottesdienst der Aussätzigen vorbehalten. Weiter unten sieht man einen in rohe Leinwand gekleideten Mann, der mit der einen Hand seinen Hut zum Betteln ausstreckt, während er in der andern die Klapper, auch Brätscheli genannt, trägt. Der erklärende Begleittext lautet:

*Ein sonntäglicher Almosensammler, Brätscheli-Ma,*
*in seiner Tracht, dankend mit dem Spruche:*
*«Danki Gott, Gott gebi Glück und Gsunket trüli.*
*Es sezi Gott eue Almuose a Seel und Lib.*
*Gott gebi de Sege und Gsunket trüli.»*

Um meinen Gassenjungen das Wort «Siech» auszutreiben, erzählte ich ihnen in einer Heimatkunde-Lektion von den schrecklichen Leiden jener Ärmsten aller Armen, die mit Krücken und Klappern bettelnd durch die Strassen und Gassen Alt-Schaffhausens humpelten. Es war Föhnwetter und in der Ofenecke einmal mehr der Stinkteufel los. Während ich mich drastisch über die grausamen Leiden der unglückseligen Leprakranken ausliess und dabei vermutlich allzu bildhaft von abgefaulten Nasen und verkrüppelten Gliedmassen sprach, gab es plötzlich hinten in Ofennähe einen Plumps: ein Knabe war ohnmächtig geworden und kopfüber auf seinen Schultisch gefallen. Sein Nachbar sah ebenfalls aus, als wolle er im nächsten Augenblick den Geist aufgeben. «Fenster auf!» rief ich und besprengte in grosser Angst die Köpfe der beiden Ganz- und Halbohnmächtigen mit dem hygienisch keineswegs einwandfreien Wasser, das – natürlich gab es in der Baracke in keinem Schulzimmer ein Brünnlein – mitsamt dem schmutzigen Schwamm im Emailbecken neben der Wandtafel stand. Die beiden Burschen erholten sich rasch, und ich schickte sie in Begleitung einiger starker Kameraden nach Hause. Ob die Heizölgase oder meine makabre Schilderung diese anderthalb Ohnmachten verursacht hatte, bleibe dahingestellt. Wahrscheinlich war es beides zusammen, wonach das Bauamt in den Weihnachtsferien die «siechen» Bodenbretter in Ofennähe durch neue Planken ersetzen liess. Der ärgste Gestank war nun behoben, und wir überstanden den Winter ohne weitere Zwischenfälle.

\*

Es ist in der Stadt Schaffhausen bis heute üblich, dass der Viertklasslehrer seine Zöglinge auch durch das fünfte Schuljahr führt. Das wurde nun meine Aufgabe, und stets erpicht auf Neues, sagte ich freudig ja dazu. Zu meiner grossen Erleichterung übernahm Kollege Herbert meine Turn- und Badestunden. (Dafür erteilte ich seinen Schülern Religionsunterricht.) Meine lächerliche Angst vor dem Schwimmen im abgrundtiefen «Frauenhägli» war ich nun los. Dafür stand ich vor einem neuen Problem, dem der Realschul-Vorbereitung. Die besonders gescheiten und gleichzeitig robusten Schüler treten, wie allgemein bekannt ist, in der Stadt bereits aus der fünften Elementarschulklasse in die Realschule über. Andere, sensiblere oder minder begabte, absolvieren noch die sechste Klasse, so wie es bis heute in allen Schaffhauser Landschulen üblich ist. Ich für meine Person bevorzugte immer den späteren Übergang. Das sechste Elementarschuljahr kann, sofern ein begabter Lehrer die Klasse betreut, für das heranwachsende Kind zu einem eindrücklichen Erlebnis werden. Unbehelligt durch den anspruchsvollen Französischunterricht, findet es in diesem Ergänzungsjahr Gelegenheit, die deutsche Muttersprache zu vervollkommnen und dabei Sprachschatz und Schreibstil zu entwickeln. Es ist und bleibt bis zu dieser Stunde meine Überzeugung, dass wir besser daran täten, in unseren Schulen den Deutschunterricht zu festigen, bevor wir anfangen, die Kinder mit einer Fremdsprache zu belasten. Auch vom psychologischen Standpunkt aus gesehen gebe ich dem Übertritt aus der sechsten

Klasse den Vorzug. Die mit den ersten Pubertätsproblemen ringenden Knaben und Mädchen dürfen in diesem Schuljahr noch einmal die gemüthafte Einheitlichkeit der Klasse geniessen und beglückende Schulfreundschaften, die sich gerade in diesem Alter anbahnen, pflegen. Sie werden ein weiteres Jahr lang bewahrt vor einem Fachunterricht bei verschiedenen Lehrern, der sich bewusst auf intellektuelle Leistung ausrichtet. In der sechsten Elementarschulklasse jedoch stehen sie noch unter der Obhut eines einzigen Schulmeisters (im wahrsten Sinne des Wortes), der jeden einzelnen seiner Schützlinge kennt und persönlich an seinen Leiden und Freuden Anteil nimmt, vorausgesetzt natürlich, dass er als berufener Erzieher ja sagt zur schweren Aufgabe, seinen Schülern im unruhigen Entwicklungsalter Helfer und Wegbereiter zu sein.

\*

Ich begann meinen ersten Fünftklassunterricht im Frühling 1956. Wegen der Realschulprüfung liess ich mir vorerst keine grauen Haare wachsen; denn es hatten sich nur meine besten Schüler für den Übertritt aus der «Fünften» entschlossen. Den meisten von ihnen traute ich zu, dass sie das Ziel erreichen würden. Trotzdem konnte ich der Versuchung nicht widerstehen, diese «Aspiranten» nach Leibeskräften zu fördern. Denn das Ansehen jedes städtischen Mittelstufenlehrers steht und fällt mit der Anzahl der Schüler, die er «in die Realschule bringt». Ich war die erste weibliche Lehrkraft der Stadt, die mit diesem Problem konfrontiert wurde. Es war mir klar, was das bedeutete. Zu viele Eltern und Kollegen lebten in der traditionellen Meinung, ein «Frauenzimmer» sei nie und nimmer imstande, den Anforderungen der Realschulvorbereitung zu genügen. Widerborstige Jugendliche im kritischen Alter der beginnenden Pubertät gehörten nach überkommener Ansicht unter eine streng männliche Fuchtel. Ich wusste um diese Vorurteile, aber ich war bereit, ihnen entschieden entgegenzutreten. Nicht nur aus persönlichem Ehrgeiz. Zahlreiche Kolleginnen, die sehnlichst wünschten, aus ihrem ewigen Abc-Ghetto auszubrechen, erwarteten von mir, dass ich als eine Art Pionierin «meinen Mann» stelle. Sie beschworen mich, der Öffentlichkeit zu beweisen, dass auch Lehrerinnen auf mehr als hundert zählen können und dass sie durchaus fähig sind, Fünft- und Sechstklässlern den komplizierten Bestäubungsmechanismus der Wiesensalbei verständlich zu machen. Ich tat mein menschenmögliches, um sie nicht zu enttäuschen und das Wettrennen mit erfahrenen Kollegen in Ehren zu bestehen. Darum erteilte ich all jenen Schülern, die in die Realschule übertreten wollten, gelegentlich nach dem abendlichen Schulschluss zusätzlichen Sprach- und Rechenunterricht, selbstverständlich kostenlos. Die Eltern waren begeistert von meinem Einsatz; mir war dabei nie ganz wohl. Was ich mir mit diesen «Privatstunden» aufgehalst hatte, war bei Lichte besehen etwas ganz anderes als lobenswerte Klettgauer Arbeitslust, nämlich ein widerliches Katzbuckeln vor der öffentlichen Meinung, ein Jasagen zur materialistischen Überschätzung des intellektuellen Leistungsdenkens, das im Grunde gar nicht übereinstimmte mit meinem Glauben an die Priorität des Gemüthaften und mit meiner Bevorzugung des Sechstklassübertrittes. Bisweilen kam ich mir als elendigliche Anpasserin vor. Allein, so redete ich mir ein, es ging hier nicht um meine persönliche Ansicht, sondern um den Dienst an einer Sache, die mir am Herzen lag. Ich fühlte mich verpflichtet, gegen eine gewisse Diskriminierung der Lehrerin Sturm zu laufen, und nahm jede Gelegenheit wahr, wider den Stachel der helvetischen Männerherrschaft zu löken.

\*

Trotz meines leicht schlechten Gewissens war es ein schönes Schaffen mit den fleissigen Knaben und Mädchen, die sich aus eigenem Interesse an einem oder zwei Abenden der Woche in die Grundregeln der deutschen Grammatik und in die Künste des Bruchrechnens vertieften. Ganz abgesehen von diesem Zusatzunterricht machte mir das Arbeiten an dieser fünften Klasse viel Spass. Das Verhältnis zwischen Schülern und Lehrerin war inzwischen ein recht erfreuliches geworden, und vor allem gab mir der neue Unterrichtsstoff viel Anregung. Begeistert erzählte ich meinen Schülern von Höhlenbewohnern und Pfahlbauern, führte sie anhand der Wandkarte über den Randen und die südlichen Klettgauberge und legte ihnen im Naturkundeunterricht allerlei Blumen und Kräuter zur Betrachtung auf den Arbeitstisch. Und dies unter den primitivsten Umständen. Wir hatten in unserer «Ecole buissonnière» kein fliessendes Wasser in den Schulzimmern, kein Radio, kein Musikinstrument und keine Moltonwand. Aber was die fehlende Technik uns vorenthielt, kam unserer Einbildungskraft, unserem Vorstellungsvermögen zugute, und meine Freude am Fabulieren wetzte manche Scharte aus. Auch hatte das Bauamt mir einen prachtvollen, geräumigen Arbeitstisch gespendet, auf welchem sich zwischen hohen Heftbeigen die wunderbare Strichlichkeitstabelle bequem breitmachen konnte, auch hier mit eindeutigem erzieherischem Erfolg. Mit den Tücken der vorsintflutlichen Wandtafel war ich inzwischen fertig geworden. Ein Jammer nur, dass ich eine so miserable Zeichnerin war! Ich wundere mich nachträglich, mit welchen Kniffen und Künsten ich mich durch den Zeichenunterricht wurstelte. Besonders die Darstellung von Tieren und Menschen verursachte mir grosse Pein – und meinen Trabanten noch grössere Heiterkeit. Als ich einmal mit entsetzlicher Mühe einen Fuchs auf die schwarze Fläche gezaubert hatte, behauptete der witzige Tobias, er hätte seiner Lebtag noch nie ein solch stattliches Eichhorn gesehen. Und jenen Landleuten, die auf einem herbstlichen Acker Kartoffeln auflasen, hatte unverkennbar der selige Millet zu Gevatter gestanden. Einzig mit dem Blumenzeichnen hatte ich eine glücklichere Hand, und mein Busen weitete sich vor Stolz, als der Schulinspektor gerade dann erschien, nachdem ich am Vorabend meine Wandtafel verziert hatte mit Blüte und Kapsel des Ackermohns. «Das haben Sie aber schön gemacht», sagte er anerkennend. Der Gute konnte ja nicht wissen, mit welcher Anstrengung ich die einfachen Figuren aus einem Naturkundebuch abgezeichnet hatte.

\*

Der Sommer, gekrönt mit einer Schulreise zum Pfahlbaudorf Unteruhldingen, war im Nu dahin. Als wir nach den Herbstferien zur strengen Winterarbeit antraten, begann zwar wieder der leidige Ölofenärger; aber seit dem ausgewechselten Boden plagten uns die Abgase nur noch bei Föhneinbrüchen. Und bald nahmen wir das permanente süssliche Gestänklein überhaupt nicht mehr zur Kenntnis. Denn ein trauriges Ereignis erschütterte gleichermassen Lehrerin und Schülerschaft: der verzweifelte Aufstand der Ungarn, der am 23. Oktober begann und bis zum 4. November dauerte. Alle zusammen verfolgten wir das dramatische Geschehen zwischen Hoffen und Bangen. Und da ich zu jener Zeit eine übertrieben fromme Phase durchmachte (leider nicht aus innerstem Antrieb, sondern weil ich trotz meines «hohen Alters» unsterblich verliebt war in einen ebenso schönen wie gottesfürchtigen Jüngling), betete ich jeden Morgen zum Schulbeginn vor versammelter Klasse für das gepeinigte ungarische Volk. Mit bewegten Worten bat ich meine Kinder, sie möchten sich im Herzen meiner Fürbitte anschliessen. Sie versprachen es willig. Doch binnen einer guten Woche erwiesen sich die russischen Panzer stärker als unsere Gebete, und der heroische Kampf der freiheitsliebenden Ungarn wurde brutal niedergeschlagen. Erschüttert führte ich mein Schärlein zu einer Trauerstunde ins herbstlich vergilbte Gewürzgärtlein des Klosters Allerheiligen. Wir sangen Trostlieder aus dem Kirchengesangbuch, und ich sprach ein Gebet für das unglückselige Volk, wobei ich trauernd daran dachte, dass ich im Lenz meines Lebens einen bildhübschen ungarischen Studenten zum Schatz gehabt hatte. Danach verharrten wir drei Minuten in reglosem Schweigen und kehrten still in unser Schulzimmer zurück. Das Beten vor versammelter Klasse liess ich jedoch bald wieder fallen, weniger aus Resignation als aus Schamgefühl. Denn ich wusste gut genug, dass meine gegenwärtige Frömmigkeit nicht in erster Linie dem lieben Gott galt, sondern dem Angebeteten, der merkwürdigerweise meinem ehemaligen

Liebsten aus Budapest auffallend glich. Doch im Gegensatz zu jenem, der mich herzhaft-irdisch in die Arme genommen hatte, dachte mein gegenwärtiger Seelenfreund Tag und Nacht nur an himmlische Liebe; denn er trug sich ernsthaft mit dem Gedanken, nach Taizé zu gehen und protestantischer Mönch zu werden. Dieser Entschluss, bei so viel apollinischer Schönheit der Welt abzusterben, beeindruckte mich gewaltig. Halb betört vom Schmelz seiner grauen Taubenaugen, halb hingerissen von seinem heiligen Herzensfeuer, tat ich alles, was den Seraphischen beglücken konnte, und zwang mich zu einer mystischen Frömmigkeit, die im Grunde gar nicht zu meiner schlichten Klettgauer Christlichkeit passte. Ich glaube, ich wäre barfuss von Wilchingen nach Schaffhausen in die Schule gewandert, wenn mein ätherischer Abaelard es ad maioram gloriam Dei gewünscht hätte. Einer meiner ältesten Jugendfreunde spottete: «Verehrte nouvelle Héloïse, du bist, was Anpassungsfähigkeit anbelangt, die idealste Frau der Welt. Nicht nur auf dem Gebiet des Schulhaltens, wo du ohne Seelenkrampf bald eine liebevolle Gluggere, bald ein forscher Korporal im Frauenrock bist. Und was erst deine Liebschaften anbelangt! Einmal hast du dir wegen eines hartgesottenen Atheisten die Augen aus dem Kopf geweint, danach mit derselben Inbrunst einen strenggläubigen Katholiken angeschmachtet. Jetzt hast du den Narren gefressen an einem Phantasten, der protestantischer Mönch werden will. Wetten, dass es das nächstemal entweder ein Mormone oder ein Mohammedaner ist?» – «Es wird überhaupt keiner mehr sein», antwortete ich düster, «allmählich bin ich des Treibens müde. Ob du es glauben willst oder nicht: nach Abaelard liebe ich keinen mehr.»

Und hierin habe ich die Wahrheit gesprochen. Als die fromme Romanze mit der Verheiratung des Quasi-Mönchleins endete, verlockte mich nichts mehr, noch einmal eine alte, in Brand gesteckte Scheune zu sein. Denn statt Eros hatte inzwischen ein grösserer Herrscher die Hand auf meine Achsel gelegt: Thanatos.

Noch aber war es nicht soweit. Noch wollte ich leben und lieben um jeden Preis, wenn auch das letztere nur noch in ganz verklärter, Gott wohlgefälliger Seelenminne. Das fand seinen Niederschlag in der Schulstube, wo ich getreulich alle frommen Lieder meines Bruders in Christo mit Hilfe der Knautsche zum Schulgesang erhob. Es waren andächtige und verschroben altmodische Gesänge zu Ehren der Heiligen Michael, Raphael, Martinus und Johannes des Täufers. Später kamen noch Antiphonen aus dem Messegesang der Brüder von Taizé dazu. «Sie hätten sehen sollen», sagte mir jüngst der kecke Tobias, «mit welchem Himmelfahrtsblick Sie jeweils über die wenigen Tasten des Klimperkastens ins Leere starrten, während einer von uns die Pumpe bediente und sich dabei beständig auf die Lippen beissen musste, um nicht vor Lachen zu bersten.»

Von Zeit zu Zeit aber durchschlug das mühsam niedergehaltene Temperament der vitalen Bauerntochter den dünnen Firnis einer unechten Christlichkeit, und die frömmelnde neue Heloisa griff energisch zum Stecken, wenn es ihr geboten schien. Ein Bürschlein namens Ferdinand, das wegen vieler Frechheiten schon lange auf meiner schwarzen Liste stand, liess eines Tages ausgerechnet während des Religionsunterrichtes einen höchst unsittlichen Gegenstand im Schulzimmer passieren. Ein Kichern in der hintersten Mädchenbank erweckte meinen Verdacht, und im nächsten Augenblick hatte ich das Corpus delicti konfisziert. Es war ein rundes Handspiegelchen, dessen Hinterseite überdeckt war mit einem Blechdeckel, in welchem ein Segment ausgeschnitten war. Dieser Deckel liess sich nach rechts und links verschieben, wobei jedesmal unter dem offenen Segment das Bild einer nackten Frau erschien. Heute würde ich ein solches «Objekt der Lüste» stillschweigend in die Tasche stecken und daheim in den Abfalleimer werfen. Damals aber, als Seelenbraut eines, wie ich felsenfest glaubte, zukünftigen Gesalbten des Herrn, kam mir das Herumreichen dieses Sündenspiegels als ein höchst strafwürdiges Verbrechen vor. Entrüstet griff ich nach dem Meerrohr und zerrte Ferdinand am Rockkragen nach vorne. Er war ein kleiner Bursche, und ich war der Überzeugung, ihn ohne grosse Anstrengung vaterländisch verdreschen zu können. Also versuchte ich, ihn über die vorderste Bank zu legen, in der Absicht, ihm ein paar zünftige Streiche über den Hosenboden zu ziehen. Aber da hatte ich die Rechnung ohne den Wirt gemacht! Der Knirps entwickelte unheimliche Kräfte und bot mir verbissenen Widerstand. Sollte ich klein beigeben und ihn springen lassen? Nie und nimmermehr! Die ganze Klasse hielt den Atem an, die hintersten Schüler waren vor Aufregung aufgestanden und reckten sich die Hälse lang. In allen Gesichtern stand dieselbe Frage: «Wer gewinnt?» Ich war durchaus nicht bereit, der Verlierer zu sein und mein Ansehen in der Klasse aufs Spiel zu setzen. Also presste ich Ferdinändlein mit Gewalt auf den Stubenboden, kniete mich auf seine Beine und verabreichte ihm mit grosser Mühe ein paar Schläge auf den Allerwertesten. Dabei zerbrach mir beinahe das Handgelenk, und meine Brust keuchte vor Anstrengung. Mühsam, fast taumelnd erhob ich mich, rang um Fassung und schickte den Bestraften an seinen Platz. So ruhig wie nur möglich tat ich der Klasse kund und zu wissen, ich müsse den Vorfall auf der Stelle dem Schulrat telephonisch melden. Da wir aber in unsern Baracke-Schulzimmern kein Telephon besassen, begab ich mich geradewegs ins benachbarte Restaurant «Ticino» hinüber, wo ich jeden Freitag Spaghetti ass, doch keineswegs, um dort zu telephonieren. Ich begehrte nicht mehr und nicht weniger als eine zünftige Herzensstärkung, denn die Beine trugen mich beinahe nicht mehr. Völlig erschöpft setzte ich mich an den erstbesten Tisch und verlangte einen Cognac. «Ist Ihnen nicht wohl?» fragte die Wirtin teilnehmend, «Sie sehen ja fast so grün wie ein Kleefeld aus.» – «Ich habe einen Bösewicht abgeschwartet», seufzte ich, «aber dabei ist mir vor Anstrengung übel geworden.» Gottlob, der Cognac wirkte rasch, und nach wenigen Minuten kehrte ich erholt ins Schulzimmer zurück, mit dem heiligen Vorsatz, nie wieder zum Stecken zu greifen.

Ich muss ehrlicherweise gestehen, dass ich diesen Vorsatz nicht gehalten habe. Zwei Jahre später setzte ich noch einmal das Meerrohr in Funktion. Ich zog damit einem ungebärdigen Sechstklässler eins über den Rücken, aber so überraschend und geschwind, dass er gar nicht dazu kam, Widerstand zu leisten. Er sprang nur wie ein Kunstturner in die Höhe und schrie, genau wie seinerzeit der blonde Toni: «Au, au!» Einen Cognac benötigte ich diesmal nicht. Ich hatte auch keine Angst, beim Schulrat verklagt zu werden; denn der Grossvater des Bestraften, der den schwierigen Burschen aufzog, hatte mich in aller Form ermächtigt, seinem Enkel notfalls mit dem Stecken Mores zu lehren. Das war nun, nachdem der Schlingel dreimal hintereinander die Schule geschwänzt hatte, geschehen. Von da an kam er nie mehr eine Minute zu spät und bot zu keiner weitern Klage Anlass.

Auch Ferdinändchen trug mir den Hosenspanner nicht nach. Er war einer der ersten, die mich nach meiner Erkrankung im Kantonsspital besuchten, und er legte mir sogar einen Strauss auf die Bettdecke. Gerührt bedankte ich mich. «Ich war doch manchmal eine recht rabiate Lehrgotte», sagte ich betreten. «Nachträglich gräme ich mich, dass ich als Frau zum Stecken griff. Wenn ich wieder zum Schulhalten komme, wird es nie mehr geschehen.» – «Das wäre schade», meinte Ferdinand. «Die modernen Lehrer sind viel zu weich. Die merken gar nicht, dass ein Kind eine strenge Hand verlangt und nichts nachträgt, wenn dem Gewitter wieder Sonnenschein folgt. Und das war bei Ihnen stets der Fall. Ohne Blitz und Donner geht es nicht bei einer Rasselbande, wie wir eine waren. Uns hat es gewaltigen Eindruck gemacht, dass Sie als Dame so scharf ins Zeug gingen.» – «So, so, als Dame», dachte ich bei mir im stillen. «Du guter Ferdinand, wenn du wüsstest, wie oft mein verstorbener Schulfreund Florian zu mir gesagt hat: ‹Gib's auf, gib's auf, es wird deiner Lebtag nie eine richtige Dame aus dir!›»

\*

Zu Beginn des Jahres 1957 war es ausserordentlich kalt. Zürich- und Untersee froren zu, desgleichen die Uferwasser des Rheins. Lediglich in der Mitte des Stromes war noch eine offene Rinne mit Weidlingen befahrbar. Zahllose Schwäne und Enten, die sich nicht rechtzeitig in die fliessende Mitte des Rheins abgesetzt hatten, gerieten in Gefahr, auf den Eisflächen in Ufernähe zu erfrieren. Wackere Polizisten und Schaffhausens unvergesslicher Ornithologe, der unermüdliche Vater Stemmler, taten alles, um die bedrohte Kreatur zu retten. Vom Ufer und vom Weidling aus schlugen sie die Eisschollen, auf denen die armen Vögel sassen, in Stücke, oder sie versuchten unter Lebensgefahr, die hilflosen Tiere unverletzt von der kristallharten, kalten Fläche abzulösen und ins ziehende Wasser zu bringen. Für viele war es zu spät; sie lagen bereits tot auf dem Eise, oder ihre Füsse waren so hoffnungslos angefroren, dass sie getötet werden mussten. In jeder Pause standen wir am Geländer des Rheins und verfolgten das Trauerspiel klopfenden Herzens. Schüler und Lehrerin warfen den in Not geratenen Vögeln Brotstücke zu. Doch meistens schnappten die Möwen sie im Fluge auf. Ich trug damals wieder einen grauen Lodenmantel wie an Ostern 1954 in Bergamo, dazu einen zündroten Hut, der hinten Platz für meinen berühmten «Trüdel» offenliess. Es muss ein recht wunderliches Gebilde gewesen sein, denn das schwarzhaarige Margritli hat ihn in einem Aufsatz wie folgt verewigt:

«In jeder Pause stehn wir am Geländer und schauen zu, wie die Polizisten die Wasservögel vom Eis herunterholen. Viele von uns werfen ihnen Brotmöcken zu, auch unsere Lehrerin. Aber sie kann schlecht zielen, und die Möwen schnappen alles weg. Sie hat einen komischen grauen Mantel an, aber einen tollen Hut. Der Hut ist aus rotem Filz und hat vorne ein kleines, schwarzes Schleierchen und hinten über dem Trüdelloch eine schwarze Sammetmasche. Marlies hat gesagt, er sieht aus wie der Schirm von einer Wandlampe oder wie eine den langen Weg halbierte Röhre. Aber die versteht nichts von Hüten. Meine Mutter hat gesagt, das sei ganz bestimmt ein Pariser Modell. Mir gefällt er wahnsinnig und den Wasservögeln auch, weil er eine Reizfarbe hat. Darum kommen die Schwäne überall dort, wo das Eis jetzt weggeräumt ist, ganz schnell herbeigeschwommen, sobald unsere Lehrerin erscheint. Und die Belchen sausen übers Wasser wie Motorbötli. Alle Wasservögel wissen es: Wo der rote Hut ist, da ist auch Brot. Aber nicht von der Lehrerin, weil die so schlecht zielt, sondern von mir, weil ich immer ganz hart neben ihr stehe und eine viel bessere Treffi habe.»

\*

Variatio delectat! Als die Kälte gebrochen und die Not der Wasservögel behoben war, vertauschte ich dem nahenden Frühling zulieb den feuerroten Hut mit einem hoffnungsvollen grasgrünen. Und jedesmal, wenn ich ihn aufsetzte, dachte ich an einen Frühlingsspruch meiner Grossmutter: «Unsere Wisen gronen wider!»

Es «gronte» auch in meinem Herzen, nämlich die Hoffnung, von meinen Realschulkandidaten möglichst viele durch die Aufnahmeprüfung zu bringen. Und ich hatte Glück. Ihrer elf erreichten das Ziel. Das war für den Fünftklassübertritt ein schönes Resultat. Vermutlich freute ich mich mehr darüber als meine erfolgreichen Schüler. Denn nun hatte ich bewiesen, dass auch eine Vertreterin des schwachen Geschlechtes eine Aufgabe meisterte, deren Bewältigung man bis anhin nur starken Männern zugetraut hatte. Viele Kolleginnen gratulierten mir. Ein weiterer Schritt nach vorne, hin zur Gleichberechtigung der weiblichen Lehrkraft mit der männlichen, war getan.

*

Nach den Frühlingsferien begann ich den Unterricht wieder mit einer vierten Klasse, doch nur bis zu Beginn des Wintersemesters. Mein Zimmernachbar Hans, der eine sechste Klasse führte, hatte sich nämlich für das Reallehrerstudium entschlossen, und der Schulrat fragte mich an, ob ich bereit wäre, im Oktober seine verwaiste Klasse zu übernehmen. Ohne mich lange zu besinnen, sagte ich zu, freilich unter der Bedingung, dass ich gleichzeitig mit der Klasse das Zimmer wechseln durfte. Mir graute vor einem dritten Ölofenwinter; denn bei Föhnlage war die Stinkerei trotz der neu eingesetzten Bodenbretter beinahe unerträglich.

Mit dem Umzug in Hansens Schulstube, die ein solider, schön mit Silberbronze lackierter Anthrazitofen heizte, würde ich der Kalamität endgültig ledig sein. Auch freute ich mich auf den Lehrstoff der sechsten Klasse, auf Schweizergeschichte und -geographie, auf erweitertes Bruchrechnen und vertieften Deutschunterricht. Das Turnen konnte ich glücklicherweise einem rüstigen Schulmeister «anhängen», und zur Vorbereitung auf den Handfertigkeitsunterricht besuchte ich zwei Abendkurse im Steigschulhaus.

Meine bisherige vierte Klasse wurde von einer verheirateten Lehrerin, die aus bestimmten Gründen auf Verdienst angewiesen war, weitergeführt. Sie war zum Glück robuster als ich und bekam wegen etwaiger Ölofengestänke keine Zustände. Bis zur Aufhebung des Rabenplatzschulhauses blieb sie meine Zimmernachbarin, immer im vollen Einsatz tätig. Obwohl sie Jahr für Jahr die ganze Verantwortung für ihre Klasse trug, konnte sie nach den damaligen gesetzlichen Bestimmungen wegen ihres Zivilstandes nur als Stellvertreterin amten. Das bedeutete konkret: bei gleicher Arbeit kleinerer Lohn als ihre ledigen Kolleginnen und unbezahlte Ferien. Erst nach langen Bemühungen des Kantonalen Lehrerinnenvereins wurde das Anstellungsverhältnis der verheirateten Lehrerin demjenigen der ledigen gleichgestellt.

Im Zimmer zu meiner Linken waltete jetzt, nachdem Herbert ins «Gega» berufen worden war, mein ehemaliger Mitschüler Kaspar. Er hatte mit mir die Lehrerprüfung bestanden, und lachend erinnerten wir uns des öftern an unsere Kollektivbusse «wegen nächtlichen Zuschlagens eines Sandkistendeckels». Seine Schulstube wurde durch einen grünen Kachelofen erwärmt. Die Buchenspälten zu seiner Fütterung lagen in mächtigen Beigen im breiten Korridor zwischen den beiden riesigen Kohlenkisten, welche meinen Anthrazitvorrat enthielten. Am frühen Morgen setzte die Abwartin meinen Ofen in Brand. Tagsüber sorgte stets einer meiner Schüler dafür, dass das Feuer nicht ausging. Mit einer massiven schwarzen Blechschaufel schüttete er die glänzenden schwarzen Brocken in den feurigen Schlund. Der Heizer war in der Regel «ein Strichlichkeitssünder», der sich auf diese Art und Weise von einer verdienten Strafe loskaufen konnte.

So boten wir mit Heizöl, Holz und Kohle jeder Witterung Trotz, und niemand von uns brauchte im kalten Winter 1957/58 während des Unterrichtes eine blaue Nase zu bekommen.

Es war eine angenehme und gut unterrichtete Schülerschar, die ich im Herbst 1957 von Hans übernommen hatte. Dennoch merkte ich rasch, dass sich die Realschulvorbereitung an einer sechsten Klasse nicht mit derjenigen an einer fünften vergleichen liess. Die intelligentesten Schüler waren – immer abgesehen von jenen wenigen sensiblen Begabten, deren Eltern sich aus psychologischen Überlegungen für den späteren

Realschuleintritt entschlossen hatten – bereits ausgeschieden. Geblieben war mehr oder weniger das, was wir Lehrer nicht sehr edel «die zweite Garnitur» nannten. In der fünften Klasse konnte ein Schüler es sich leisten, bei der Realschulprüfung durchzufallen; denn er besass ja immer noch die Möglichkeit, den zweiten Anlauf am Ende der sechsten zu nehmen. Gelang es dann abermals nicht, war natürlich der Lehrer schuld. Bevor ich nur vier Wochen an Hansens Klasse gearbeitet hatte, wurde mir klar, in welch schwierige Situation ich mich hineinmanövriert hatte, und meine idealistische Vorliebe für die «Sechste» bekam einen gewaltigen Dämpfer. Alle Augenblicke stand ein Vater oder eine Mutter vor meiner Schulzimmertüre und setzte mir, bildhaft ausgedrückt, den Revolver auf die Brust mit den Worten: «Unser Peter gehört selbstverständlich in die Realschule, gehauen oder gestochen, sonst findet er später keine gute Lehrstelle. An Intelligenz fehlt es ihm nicht; er ist nur etwas bequem. Man muss ihn scharf in die Zange nehmen. Offen gestanden, wir würden ihn lieber bei einem strengen Lehrer sehen! Hoffentlich sind Sie als Frau energisch genug für ihn!» Aber derselbe Peter konnte das Adjektiv «gut» noch immer nicht steigern, und vor dem Vervielfachen im Bruchrechnen stand er wie der Esel am Berg. Und solche Peter und Petrinen gab es unzählige. Was blieb mir anderes übrig, als den in der fünften Klasse geübten Realschuldrill noch zu verschärfen! Doch was letztes Jahr mit einem Dutzend Elite-Fünftklässlern eher ein sportliches Vergnügen gewesen war, wurde nun zu einer erschöpfenden Fron. Nun genügten freiwillige Überstunden nicht mehr, nun musste der ganze Unterricht systematisch auf die Aufnahmeprüfung in die Realschule ausgerichtet werden. Damit stand ich dauernd in der Versuchung, an weniger wichtigen Fächern Abstriche zu machen und die dort abgestohlene Zeit für Rechnen und Sprachunterricht zu verwenden. Alle Mittelstufenlehrer, durch elterlichen Druck in die Enge getrieben, bedienten sich dieser anfechtbaren Praktik, obwohl Schulrat und Schulinspektor uns jede Verfälschung des Stundenplans untersagt hatten. Aber keiner von uns hielt sich genau an dieses Verbot. Denn unser Ansehen stand und fiel mit der Zahl der Schüler, welche die Aufnahmeprüfung in die Realschule bestanden. Singen und Religionsunterricht waren die beliebtesten Mogelstunden; sie dienten ja «nur» der Erbauung des Gemütes und verlangten keinen intellektuell messbaren Leistungseinsatz. Einige Kollegen verkürzten sogar die Realien, was ich persönlich tunlichst vermied, da, von den Deutschstunden abgesehen, mir diese Fächer besonders am Herzen lagen. Noch heute werfe ich ab und zu einen Blick in meine Präparationshefte und freue mich, dass ich sie nach meiner Erkrankung nicht verbrannt habe.

Wenn mein Gedächtnis mich nicht im Stiche lässt,

brachte ich im Frühling 1958 einundzwanzig Sechstklässler durch die Realschulprüfung. Ich verdankte das weitgehend der tüchtigen Vorarbeit meines Kollegen Hans und einer guten Klassenzusammensetzung. Was nachfolgte, sah leider wesentlich dürftiger aus.

\*

Zum Glück wusste ich nicht, was für das Schuljahr 1958/59 auf mich zurollte. Es bescherte mir die mühsamste Klasse meiner ganzen Schulstubenzeit. Wir standen damals am Anfang der sich rasch aufblähenden Hochkonjunktur, was seinen Niederschlag auch in gewissen Schaffhauser Schulzimmern fand. Scharen von Gastarbeitern bezogen die billigen Wohnungen der Altstadt, und ihre Kinder wurden in den zuständigen Quartierschulen untergebracht. Da im Einzugsgebiet der Rabenplatzbaracke die ältesten Unterstadthäuser mit den wohlfeilsten Wohnungen standen, waren wir Lehrer im kleinen Schulhäuslein am Rhein die Hauptabnehmer der fremdsprachigen Jugend. Das erschwerte unseren Unterricht ausserordentlich. Dazu kamen zahllose Schlüsselkinder, deren Eltern dem Verdienst nachgingen. Immerhin waren wir damals noch weitgehend von der Fernsehpest verschont und die Schüler weniger bildverdorben als heute.

Mit den Italienern hatte ich wenig Verdruss. Die meisten waren charakterlich in Ordnung, manche ausgesprochen intelligent. Jene, die schon seit zwei oder drei Jahren in Schaffhausen ansässig waren, vermochten dem Unterricht befriedigend zu folgen. Was aber fing ich in einer sechsten Klasse an mit den frisch Zugereisten, die kaum ein Wort Deutsch verstanden? Ich denke heute noch mit Unbehagen an ein sehr liebes Mädchen zurück, das ich aus Zeitmangel mit dem besten Willen nicht so fördern konnte, wie ich es von Herzen gern getan hätte. Ich musste mich darauf beschränken, es eine Menge deutscher Wörter und primitiver Sätzlein abschreiben zu lassen oder ihm schriftliche Rechnungen zuzuteilen, während ich mit den andern Schülern den obligatorischen Lehrstoff durchackerte.

Unter den einheimischen Kindern brachten mich ein paar ausgepichte Früchtchen und eine grosse Anzahl Schwachbegabter zum Schwitzen. Zum Glück besass ich genügend Humor, vieles von der lustigen Seite anzupacken. Eine Auslese ihrer sprachlichen Entgleisungen hielt ich in einem Büchlein fest. Immer wieder erheitere ich mit seinem Inhalt meine Freunde. Da ist unter anderm zu lesen: «Es wurde später immer später, und die Weihnachtsferien kamen immer näher ans Tageslicht.» Der gleiche Schüler schrieb in einer Geschichtsarbeit: «Rudolf Stüssi sperrte den Zürchern den Mund», und ein andermal «lochten» ihn die Natur und das schöne Wetter ins Freie. Die blondlockige Sabine behauptete, der Bäcker «frische die Weggen auf», und ihrer Freundin Gret «fuhren die Schaufenster im Kopfe herum». Eine italienische Bianca meinte, der Bannwald schütze die Bergdörfer vor Dünnen: Sie hatte im Naturkunde-Unterricht die Begriffe «Lawinen» und «Dünen» durcheinandergebracht. Und ihr Landsmann Fulvio behielt von der Sage über die Entstehung der Teufelsbrücke die wunderliche Vorstellung: «Die Seele des Bockes wurde gestrafft.»

Als altmodische Patriotin legte ich besonderes Gewicht auf einen guten Geschichtsunterricht und schilderte mit Vorliebe die Entstehung der Eidgenossenschaft. Denn damals musste man sich noch nicht schämen, die Geschichten von Wilhelm Tell und dem Rütlischwur zu erzählen. Man durfte laut verkünden, dass man die Heimat liebe. So war ich denn entschlossen, mit meinen Sechstklässlern eine Schulreise auf das Rütli zu machen. Es geschah kurz vor den Sommerferien, leider bei unsicherem Wetter. Schon in Brunnen fing es leise zu regnen an, und wir fuhren abends ziemlich durchfeuchtet nach Hause. Trotzdem war es ein schöner Ausflug gewesen, und meine Kinder genossen ihn sehr, besonders weil sie während der Schiffahrt nach dem zweistimmigen Singen des Rütliliedes von ein paar Engländern beklatscht worden waren. Schade, dass ich ihnen die Freude nachträglich vergällen musste mit dem Befehl, das erbauliche Erlebnis in einem Aufsatz festzuhalten! Allein, ich wollte durchaus erfahren, was ihnen diese Schulreise bedeutet hatte. Bei der Vorbesprechung sagte ich: «Ihr habt ja im Geschichtsunterricht gehört, wie die braven Männer aus Uri, Schwyz und Unterwalden sich bei Nacht und Nebel auf der Rütliwiese trafen. Nun lasst eure Phantasie walten und schildert, wie sich diese geheime Versammlung abgespielt hat! Stellt euch vor, ihr stündet hinter einem Baum und hättet ganz versteckt alles mitangeschaut!»

So meine Anregung. Was dabei herauskam, möge ein (von den orthographischen Fehlern gereinigtes) Aufsätzlein illustrieren:

### Der Rütlischwur

Das Rütli ist der Anfang von der Genossenschaft. Es liegt am Vierwaldstättersee auf einer grünen Wiese. Man sieht auf Brunnen hinüber. Und wenn es schön ist, sieht man den Frohnalpstock und den Axenstein. Und an das Rütli grenzen Uri, Schwyz und Unterwalden.

Walter Fürst hat eine Wut auf die Habsburger, weil sie ihm die Reichsfreiheit nehmen wollen, wo er sie doch schon lange hat. Er und Werner Stauffacher und Arnold von Melchtal kommen mit dem Schiff auf dem Rütli an. Ich stand hinter einem Baum und sah alles. Sie hatten Hirtenhemden und Knickerbocker und dicke, braune Haare an. Der eine hat eine Laterne in der Hand und vielleicht noch einen Morgenstern und einen Stecken und ein Schwert. Walter Fürst ist siebzig oder achtzig Jahre alt und noch wie heutig. Arnold von Melchtal hat Kneippsandalen und schöne Kruselhaare an. Sie sind stark und kräftig und nicht wie schwache, dumme Männer. Der Werner Stauffacher hat einen Hass auf die Österreicher, weil sie ihm das Steinhaus vergönnen, aber seine Frau Gertrud sagte: «Das musst du dir nicht gefallen lassen, jetzt muss etwas gehen!» Arnold von Melchtal schwört Rache, weil er dem Knecht des Ritters eins auf die Finger zwickte und fliehen musste, und dafür musste der Alte herheben und sich blenden lassen. Jetzt schwören sie, dass sie die Habsburger verjagen wollen und die bösen Türmli brechen. Und wer ein Stehler schützt, muss selber zahlen, und fremde Richter wollen sie auch nicht. In Gottes Namen, amen. Und der Bund soll ewig dauern.

Das Rütli ist sehr günstig wegen dem Gestrüpp. Es schützt die Eidgenossen vor heimlicher Besichtigung. Man nennt es Nationalheiligtum oder die grosse Wiege.

\*

Ich las das Elaborat meiner alten, geistig und körperlich noch recht lebhaften Mutter vor. Schon nach den ersten Sätzen brach sie in ein unbändiges Gelächter aus, das mich blitzartig ansteckte. Kaum war ich noch imstande, mit meiner Vorlesung zu Ende zu kommen. Als Mutter ihre Stimme endlich wieder in ihrer Gewalt hatte, fragte sie mich: «Und wie viele solcher Tötsche hast du in deiner Klasse, armes Kind?» – «Sechs oder sieben», antwortete ich, «aber ‹Tötsche› sagen darfst du trotzdem nicht; es sind im Grunde recht gutartige Mädchen. Und ihre gesegnete Einfalt sorgt dafür, dass es uns nie langweilig wird. Eine von ihnen macht uns jede Geographiestunde zum Gaudium. Die Buben sagen schon gar nicht mehr Geographiestunde, sondern Gigelistunde, weil wir alle fortwährend ‹gigelen› müssen. Das gute Dorli begreift einfach nicht, dass Flüsse abwärts rinnen. Neulich, als ich es fragte, wo die Rhone entspringe und in welcher Richtung sie dahinfliesse, fuhr es mit dem Stecken vom Genfersee aufwärts zum Rhonegletscher. Die Klasse wieherte vor Lachen.» – «Und du hast vermutlich kräftig mitgelacht. Weisst du, was du bist? Der grösste Totsch von allen.»

«Ich?»

«Jawohl, du, und zwar in doppelter Ausführung. Zum ersten: du hast offensichtlich deine Geographiestunden schlecht vorbereitet. Zum zweiten: weil du unter solchen Gegebenheiten immer noch an eine Verbesserung der eidgenössischen Demokratie durch die Einführung des Frauenstimmrechtes glaubst!»

*

Noch einmal, zwei oder drei Wochen nach den Sommerferien, setzte es in unserer Schulstube ein grosses «Gigelen» ab. Und wiederum war ein weibliches Wesen die Verursacherin der kaum zu bändigenden Heiterkeit. Es war strahlendes Wetter, und halb Schaffhausen vergnügte sich über Mittag in der Badeanstalt. Kurz nach zwei Uhr klopfte es an die Türe. Draussen stand ein Schüler meines Zimmernachbarn Kaspar und schlenkerte einen kleinen, rosaroten Büstenhalter in seiner Rechten. «Haben Sie das Dingsda verloren?» fragte er mit einem Unterton in der Stimme, für den ich ihm am liebsten eins auf den Mund gegeben hätte. «Wie kommst du darauf?» schnauzte ich ihn an. «Es lag eben auf der kleinen Treppe vor der Schulhaustüre, als mein Herr Lehrer vorhin kam. Da meinte er, Sie wären vielleicht in der Badi gewesen und hätten das Zeug nicht mehr angezogen...» – «Sage deinem Herrn Lehrer», unterbrach ich ihn wütend, «das Zeug hätte mir im besten Fall vor dreissig Jahren gepasst. Gib's her, ich forsche nach!» Und verärgert stopfte ich den Büstenhalter in meine Schürzentasche. Leider hatte ich während des kurzen Gespräches die Türe nicht richtig zugemacht, und da ich von Natur aus eine kräftige Stimme habe, hatten meine Schüler alles mitangehört. Ein nicht endenwollendes Kichern empfing mich, als ich in die Schulstube zurückkehrte. Fulvio erhob sich schliesslich und sagte: «Ich schon wissen, wem gehört, aber ich nicht sagen. Hat eines von unsern Mädchen verloren. Kam vom Baden. Lag oben auf ihrem Korb. Hab die rosaroten Träger hinauslampen sehen. Aber ich es nicht sagen.» – «Das ist hochanständig von dir, Fulvio, sei bedankt!» Und zur Klasse gewendet, fuhr ich fort: «Nun leg' ich das Dingsda in mein Pult, und die Besitzerin kann sich vertraulich bei mir melden. Strenge Diskretion zugesichert. – Und jetzt schlagt eure Lesebücher auf. Wir wollen fortfahren in der Geschichte: ‹Wie das Zicklein starb›.»

Das rosafarbene Dingsda lag monatelang in meinem Pult, ohne dass die Besitzerin den Mut aufbrachte, es zurückzuverlangen. Natürlich wussten wir alle, wer es war; Fulvio hatte doch nicht reinen Mund halten können. Ich wollte aber weder das Mädchen blamieren noch den merkwürdigen Fundgegenstand länger behalten. Am ersten Morgen nach den Herbstferien warf ich ihn vor aller Augen und ohne dabei ein Wort zu verlieren ins glühende Innere des Anthrazitofens, der uns mit seinem schönen, stillen Brennen den Winterbeginn ankündigte.

*

Ungefähr zwei Wochen vor Weihnachten schenkte mir ein Schüler drei Kunstrosen aus Wachs. Ich dankte gebührend, aber ohne Begeisterung. Der Bursche war mir vom ersten Schultag an unsympathisch gewesen; er hatte etwas seltsam Verdrücktes im Gesicht, und mit der Wahrheit nahm er es nicht genau. Ich stellte die Rosen auf das Pult in der Zimmerecke und schenkte ihnen keine Beachtung mehr. Auf meinem grossen Arbeitstisch vor den ersten Bänken hätten sie zwischen Heften, Büchern und Strichlichkeitstabelle gar keinen Platz gefunden.

Ich weiss nicht mehr, bei welcher Gelegenheit ich auf der Strasse, kurz vor Beginn des Nachmittagsunterrichtes, ins Gespräch kam mit dem damaligen Kantonspolizeikorporal Max Brütsch. Ein Wort gab das andere, und er berichtete mir von zahlreichen Diebstählen in Schaffhausens Warenhäusern, die offensichtlich von Jugendlichen begangen wurden. Bevorzugt waren teure Spielzeuglokomotiven und Legoschachteln, aber auch Kleidungsstücke, Lederwaren, Werkzeuge, ja sogar künstliche Blumen aus Wachs. Blumen aus Wachs? Ich stutzte. «Das gibt mir zu denken», meinte ich. «Erst neulich hat mir ein Schüler drei solcher Kunstrosen spendiert.» Herr Brütsch wollte Namen und Adresse des Knaben wissen. Als ich ihn nannte, schüttelte er bedenklich den Kopf. «Das sind alte Bekannte von mir», sagte er, «und nicht die liebsten. – Versuchen Sie, den Knaben unter vier Augen nach der Herkunft der Rosen auszufragen, mit dem nötigen psychologischen Fingerspitzengefühl. Die Sache ist verdächtig, aber es ist besser, die Polizei schaltet sich erst in der zweiten Runde ein.»

Sogleich nach zwei Uhr rief ich Xaver, den edlen Rosenspender, in den Korridor hinaus, und mein psychologisches Fingerspitzengefühl bestand darin, dass ich ihn schroff mit den Worten überrumpelte: «Du bist beim Stehlen im ‹Schwanen› beobachtet worden. Wachsrosen et cetera. Nun will ich wissen, ob du die Wahrheit sagst. Wieviel Spielzeuglokomotiven hast du geklaut?» – «Nur eine einzige, nur eine allereinzige», würgte er erblassend hervor. «Aber Balz hat grad drei genommen, auf einen Chlapf.» – «Gut! Stelle dich ans andere Ende des Korridors», befahl ich ihm, rief Balz aus der Schulstube und fragte ihn leise, was er mit den drei gestohlenen Lokomotiven angefangen habe. Vor Schreck konnte er eine Weile überhaupt nicht reden. Endlich fand er die Sprache wieder und hauchte: «Eine habe ich Sepp gegeben, die beiden andern habe ich in den Rhein geworfen. Ich hatte Angst, die Eltern würden etwas merken.» Ich kommandierte ihn in einen andern Winkel des langen und breiten Ganges und liess Sepp herauskommen, der sofort zugab, dass er die Lokomotive von Balz erhalten und bei Glarner eine Legoschachtel mitgenommen habe. Aber Fridolin habe auch gestohlen, nämlich ein Paar Skihandschuhe. Und so ging das nun weiter, eine geschlagene Stunde lang. Ein Schlingel gab den andern an, und ich musste mit Entsetzen feststellen, dass fast die halbe Knabenklasse lange Finger gemacht hatte. Kollege Kaspar verständigte auf meinen Wunsch die Polizei, die unverzüglich erschien. Die jugendlichen Schelme erhielten den strengen Befehl, das Diebsgut augenblicklich herbeizuschaffen. Wie ums Leben rannten sie nach Hause und kehrten mit der gestohlenen Ware wieder ins Schulhaus zurück. Und auf den Deckeln der beiden Kohlenkisten häuften sich Spielsachen, Sportgegenstände, Farbstifte, englische Schlüssel, Taschenlampen, Skimützen, was weiss ich noch alles. Nur die zwei versenkten Lokomotiven gab Vater Rhein nicht mehr zurück.

Es ist meinem Gedächtnis entfallen, auf welche Art und Weise die vielen Gegenstände, sofern sie sich noch in tadellosem Zustande befanden, in die verschiedenen Geschäfte zurückgebracht wurden. Nur eines weiss ich noch mit Sicherheit: dass die Polizei unter Anweisung von Herrn Brütsch die ganze betrübliche Angelegenheit mit grossem erzieherischem Geschick zu einem gnädigen Abschluss brachte. Vor allem wurde auf die tiefbestürzten Eltern Rücksicht genommen. Wir versprachen ihnen, die Angelegenheit so diskret wie möglich zu behandeln, und baten sie, mit ihren Sprösslingen nicht allzu hart ins Gericht zu gehen. Trotzdem musste die Polizei bei der Jugendanwaltschaft Anzeige erstatten. Ich legte ein Schreiben bei, in welchem ich um wohlwollende Beurteilung des Vorgefallenen bat. Ich betonte die Bereitwilligkeit meiner Schüler, ihre Missetat ohne Umschweife zu gestehen und die gestohlenen Waren nach Möglichkeit zurückzubringen oder zu bezahlen. Ich wies auch hin auf die grosse Versuchung, der meine Schüler in so manchen Geschäften mit allzu verlockend dargestellten Artikeln ausgesetzt waren. In der Folge fiel die Strafe mild aus; die Fehlbaren mussten in einigen öffentlichen Gebäuden der Stadt eine Serie von Reinigungsarbeiten durchführen.

Ich habe nie gehört, dass sich einer von ihnen ein zweites Mal an fremdem Eigentum vergriff. Sie wurden, soweit ich ihre Schicksale verfolgen konnte, rechtschaffene Bürger und Menschen.

Mir aber hatte die ganze Sache sehr zugesetzt: denn mein gesundheitlicher Zustand war nicht mehr der beste. Ich gab mich in der Schule restlos aus. Schon vor Jahren hatte mir ein Kollege gesagt: «Wenn du beim Schulhalten dein Temperament nicht besser zügeln kannst, bist du mit fünfzig Jahren krank oder gar tot.» Wer aber vermag über seinen Schatten zu springen? Je mühsamer der Unterricht wurde, desto verbissener legte ich mich ins Zeug. Allein schon die korrekte Handhabung der vermaledeiten Strichlichkeitstabelle kostete mich einen Aufwand an Konzentration und Nervenkraft. Kollegen und Kolleginnen lachten mich aus und sagten immer wieder: «Hör doch mit diesem Stumpfsinn auf!», aber dieser «Stumpfsinn» war die unschätzbare Legitimation meiner Unparteilichkeit; nichts vermochte mich von der Weiterführung dieser erschöpfenden «Buchhaltung» abzubringen. Auch im Deutschunterricht wollte ich nie fünf gerade sein lassen; immer hatte ich zuwenig Stunden für dieses nach meiner Ansicht wichtigste Fach. Doch je mehr Aufsätze, Diktate und Sprachübungen ich schreiben liess, desto mehr Korrekturen hatte ich nach Feierabend zu bewältigen. Vieles besorgte ich schon im Zuge auf der Heimfahrt nach Wilchingen. Um ruhig arbeiten zu können, reiste ich im Erstklassabteil, wo nur wenige Fahrgäste mich störten. Meistens war ich überhaupt ganz allein und konnte alle Plätze rund um mich herum mit Heften belegen. Gab es einmal keine Korrekturarbeit, stickte ich. Die Schaffner, die mich kannten, schüttelten oft den Kopf. «Können Sie denn nie eine Minute die Hände ruhig in den Schoss legen?» fragte mich mancher von ihnen. Aber dazu war ich schon nicht mehr imstande: bereits war ich ein auf höchsten Touren rollender Motor, der sich nicht mehr abstellen liess. Dabei waren die Zugsverhältnisse der DB auch in der ersten Klasse lamentabel: Rütteln und Schütteln, schlecht schliessende Fenster, Gestank, schmutzige Polster, ungenügendes Deckenlicht. Dass ich unter solchen Umständen zarte Blumen auf schwarze Seide sticken konnte, kommt mir heute ganz unwahrscheinlich vor. Und von den Heftkorrekturen möchte ich lieber nicht reden. Ständig rutschte der Kugelschreiber aus, und meine armen Schüler hatten die grösste Mühe, meine Flickereien zu entziffern. An den freien Nachmittagen und über das Wochenende arbeitete ich daheim im Haushalt, im Garten und am Schreibtisch der ehemaligen Schriftstellerin. Mein Kopf war voll literarischer Pläne; doch für ein grösseres

Werk hatte ich weder Zeit noch Kraft. Ich beschränkte mich auf Feuilletons und Kurzgeschichten, legte eine Menge von Gedichten in die Schublade, bastelte am «Wilchinger Handel» herum und übersetzte Molières «Malade imaginaire» in Schaffhauser Mundart. Das Schreiben lag mir nun einmal im Blut und liess sich mit dem besten Willen nicht völlig unterdrücken. So oder so, «es» dichtete einfach in mir, häufig sogar beim Unterrichten, wenn ich meinen Zöglingen Diktate und Sprachübungen in kurzweiligen Versen servierte.

Das Mittagessen nahm ich meistens in der Schule ein. Sobald die Kinder um zwölf Uhr das Zimmer geräumt hatten, verschlang ich hastig ein Schinkenbrot und trank ein Zweierlein Veltliner dazu. Danach breitete ich ein Tuch auf dem Boden aus, legte ein Kissen darauf, deckte mich mit dem Mantel zu und versank augenblicklich in tiefen Schlaf. Immer um halb zwei erwachte ich wieder, braute mir nun rasch auf dem Metakocher eine Tasse Kaffee und war in Bälde wieder munter für den Nachmittagsbetrieb.

\*

Unterdessen war ich auch Tante geworden. Zwei kleine Neffen gaben meinem Leben einen neuen Inhalt. Nun kam die «Gluggere» wieder auf ihre Rechnung. Ich war vernarrt in die beiden Bübchen und widmete ihnen manches Wochenende und viele Ferien. Das erquickte zwar mein Herz, weniger meine Nerven, da sich die beiden Bürschchen durch ausserordentliche Lebhaftigkeit auszeichneten und in Windeseile in meiner Wohnung das Unterste zuoberst kehrten. Kurz, ich trieb mit meinen Kräften unverzeihlichen Raubbau. Bald konnte ich nur noch mit Tabletten schlafen, und Morgen für Morgen erwachte ich mit Kopfschmerzen, die allerdings mit einer Tasse Kaffee rasch behoben waren. Ausserdem litt ich an heftigem Reizschnupfen; denn die Ritzen und Fugen des alten Schulzimmerbodens liessen einen perfiden Staub aufkommen, der meinen Nasenschleimhäuten arg zusetzte. Zu seiner Bekämpfung musste mir das Bauamt terpentingetränktes Sägemehl liefern, mit dem wir fortan jeden Abend die Schulstube kehrten.

Aber auch dieser schlimme Winter ging zu Ende, diesmal nicht besonders ruhmvoll für mich. Lediglich vierzehn Kinder bestanden im Frühling 1959 die Aufnahmeprüfung in die Realschule. In Anbetracht der vielen Italiener und Schlüsselkinder war es eigentlich gar kein so übles Resultat, und die Erfolgreichen beschenkten mich denn auch mit einem prächtigen Früchtekorb. Ein Mädchen, das durchgefallen war, brachte mir zu meinem grossen Erstaunen eine selbstgebackene Rüeblitorte. «Mir hat es zwar für die Realschule nicht gereicht», sagte es, «aber Sie haben sich immer so grosse Mühe gegeben mit uns! Und meine Mutter sagte, ein rechtes Mädchen findet auch ohne Real-

schulbildung einen guten Weg ins Leben.» – «Du hast
eine verständige Mutter», erwiderte ich gerührt, «richte
ihr einen herzlichen Gruss aus von mir!» Und die
Rüeblitorte freute mich mehr als die teuerste Leckerei
im Korb.

*

Allen Schwierigkeiten, allen Staubwolken aus den
Bodenritzen zum Trotz liess ich mir für das Schuljahr
1959/60 wieder eine sechste Klasse geben. Ich wusste
zwar zum voraus, dass ihre Zusammensetzung nicht
besser sein würde als die der vergangenen. Aber ich
war nun einmal auf diese Schulstufe erpicht, und es
reizte mich, den Unterricht immer interessanter
gestalten zu können. Eine wahre Leidenschaft brannte
in mir, das und dies und jenes besser zu machen als im
Schuljahr zuvor und auch meine Schüler noch fester als
bisher in die Finger zu nehmen. Wie viele fehlerhafte
Verbesserungen, wie viele unordentlich geschriebene
Arbeiten hatte ich in den vergangenen Jahren durchgehen lassen? Also stürzte ich mich mit neuem Elan in
die Aufgabe, inskünftig keine Nachlässigkeiten mehr zu
dulden, und merkte nicht, dass ich dabei eine ganze
Anzahl schwacher Schüler überforderte. «Es fehlt
ihnen ja nur am guten Willen», redete ich mir ein,
genau wie jene Väter, die ihre minderbegabten Söhne
durchaus in die Realschule bringen wollten. Kurz, ich
war auf dem besten Wege, eine unleidlich pedantische

Schulmeisterin zu werden, und wäre es sicher auch geworden ohne die ausgleichenden Gaben Humor und Phantasie. Diese glätteten manche Unebenheit aus, und nach wie vor wurde in meiner Schulstube herzlich gelacht. Mein Spassbüchlein füllte sich mit köstlichen Eintragungen. Die amüsantesten lieferte ein Bürschchen mit blondem Kraushaar und treuherzigen blauen Augen, das mich lebhaft an Albert Ankers Knabenbildnisse gemahnte. «Ankerbüebli» nannte ich es darum scherzend, und vergnügt führe ich mir noch heute seine verschiedenen Stilblüten zu Gemüte. Im Urwald gebe es viele Schlingelpflanzen, meinte er, das Grab werde von der Witwe beweint, und sein Götti habe bereits eine Glace auf dem Kopf. Die Katze hielt er für ein gefährliches «Ungezifer», und von gewissen Leuten behauptete er: «Sie verfaulen in Ruhe.» Auch seiner Schulmeisterin gab er in aller Einfalt eins ans Bein, indem er schriftlich dokumentierte: «Unsere Lehrerin altert von Tag zu Tag mehr.»

Damit hatte er nicht einmal unrecht. Bereits begannen meine Schläfenhaare weiss zu werden, und der chronischen Müdigkeit wurde ich nur mit viel Schlaf und schwarzem Kaffee Meister. Der letztere tat meinen von Natur aus reizbaren Nerven nicht sonderlich wohl, auch nicht gewissen Schülern, die ich aus disziplinarischen Gründen besonders streng an der Kandare hielt. Ohne dass ich es merkte, hetzten sie die ganze Klasse gegen mich auf. Und eines schönen Nachmittags war es soweit: Ich erwischte in der Singstunde, kurz vor Schulschluss, ein bitterböses Spottgedicht über die «Wilchinger Giftspritze», das heimlich herumgeboten wurde. Da war es mit meinen Kräften schlagartig zu Ende. «Fort, alle fort», stiess ich mühsam hervor, «aber nullkommaplötzlich!» Und wie aufgescheuchte Hühner stoben sie davon. – Kaum allein gelassen, warf ich mich über den Arbeitstisch und weinte fassungslos, teils über mich selber, die ich offensichtlich in dieser Klasse den Bogen überspannt hatte, teils über meine Schüler, die nicht begreifen konnten, dass ich mit meinen oft harten Forderungen ja nur ihr Bestes wollte. Und hatte ich ihnen nicht bei aller Strenge immer wieder zu verstehen gegeben, dass der «Korporal im Rock» eigentlich eine verkleidete Mutter war? Hatte ich nicht jenem Heiri die Schulreise bezahlt, diesem Lisebethli ein Paar Schuhe gekauft? Hatte ich nicht der ganzen Rasselbande Samstag für Samstag eine prächtige Geschichte vorgelesen oder erzählt, sogar dann, wenn sie es keineswegs verdiente? Das war nun der Dank.

Während ich mich bemühte, meiner Tränen Herr zu werden, ging leise die Schulzimmertüre auf, und die Mädchen kehrten fast auf Zehenspitzen zu mir zurück. Als sie mich so heftig weinen sahen, brachen sie ebenfalls in Tränen aus, und eine nach der anderen stammelte: «Es tut mir leid, es tut mir schrecklich leid! Verzeihen Sie uns!» – «Schon gut, schon gut», presste ich hervor. «Aber geht jetzt, geht und lasst mich allein!» Doch bevor die Mädchen aus der Türe waren, tauchten zu meinem Entsetzen nun auch die Buben auf und schlossen sich, wenn auch mit männlicher Beherrschung ohne Augenwasser, den Entschuldigungen ihrer Kameradinnen an. Und so ergab sich das einmalige Schauspiel, dass rings um den Tisch mit der heulenden Lehrerin ein Dutzend gleichfalls heulender Mädchen stand und hinter ihnen sieben oder acht Knaben, die betreten vor sich niederstarrten. Endlich gelang es mir, mich aufzuraffen und ihnen einigermassen in Ruhe zu sagen, dass der Vorfall für mich erledigt sei und dass ich alles vergessen und vergeben wolle.

Schweigend drückten sie sich davon. Ich aber sass noch lange an meinem Arbeitstisch, stützte den Kopf in die Hände und dachte kummervoll: «Nun hast du dich hier vollends unmöglich gemacht. Eine flennende Lehrerin hat in einer Unterstadtschule ausgespielt.» Zu meinem Erstaunen geschah das Gegenteil: Meine Tränen hatten die jungen Herzen gerührt. Am nächsten Tag sassen Buben und Mädchen wie sanfte Schäflein vor mir, und die «Wilchinger Giftspritze» beträufelte, bildlich ausgedrückt, ihre Häupter mit Himbeersaft. Ich hatte mir in der vergangenen schlaflosen Nacht gelobt, fortan in der Schulstube weicher und duldsamer zu sein, in der späten, aber gottlob nicht zu späten Erkenntnis, dass manches, was ich für träges Nichtwollen hielt, im Grunde Nichtkönnen war, eine angeborene, kaum zu überwindende Unfähigkeit der Konzentration. Von Stund an versuchte ich, dieser Einsicht gerecht zu werden, und in der Folge wurde mein Verhältnis zu dieser Klasse rasch ein beträchtlich besseres. Das Eis war gebrochen; bis zum Ende des Schuljahres herrschte zwischen Schülern und Lehrerin ein freundliches Einvernehmen.

*

Im Januar 1960 war es ziemlich kalt, und unsere Abwartin musste früh aufstehen, um die verschiedenen Öfen des Rabenplatz-Schulhauses in Betrieb zu nehmen. Sie meinte es gut mit uns, und mein Zusatzheizer Urs doppelte gelegentlich allzu eifrig nach. Eines Nachmittags zeigte das Thermometer 28° Celsius an. Urs hatte um zwölf Uhr noch einmal eine gehörige Ladung Anthrazit nachgeschüttet, obwohl die Kälte bereits am Brechen war. Unmöglich konnten wir in dieser Bruthitze arbeiten. Was blieb uns anderes übrig, als die Gluten aus dem Ofen zu kratzen, in den Kohleneimer zu schaufeln und dessen Inhalt draussen in den Rhein zu werfen. Erneli sagte: «Da werden sich aber die Schwäne freuen, wenn sie auf einmal ein so schön warmes Badewasser haben.» Und Ueli: «Aber wir kommen bestimmt in der Fastnachtszeitung. Oder die alte Hütte brennt vorher ab. Fühlen Sie einmal nach, Fräulein Blum, wie warm die Mauern rund um den Ofen sind!»

Ich gebot Schweigen und teilte Rechnungsblätter aus, während die Hitze im Zimmer sich allmählich verflüchtigte. In Zukunft, so nahm ich mir vor, wollte ich das Nachheizen sorgfältiger überwachen.

Aber bereits zwei Tage später, am 18. Januar, ging Uelis Prophezeiung in Erfüllung. Als ich ganz gemütlich am frühen Morgen vom Bahnhof kam, rannten mir meine Buben schon in der Vordergasse entgegen und schrien wild durcheinander: «Hurra, es hat gebrannt! Es hat regelrecht gebrannt! Leider hat's die Securitas zu früh gemerkt. Nur der mittlere Teil der Baracke ist hin. Unser Zimmer habe, sagen sie, nur wenig abgekriegt. Aber etwas Feuerferien werden wir doch bekommen, meinen Sie nicht?»

Ich rannte, so schnell mich meine Beine trugen. Ja, das war allerdings ein wunderlicher Anblick! Der Dachstuhl des Schulhäusleins teilweise zerstört, der Spielplatz vor der Baracke ein wüstes Chaos verbrannter und halbverbrannter Balken und Bretter. Dazwischen Trümmerhaufen von Scherben, Dachziegeln, Ofenkacheln und verdorbenen Schulmaterialien. Eine Feuerspritze stand neben dem WC-Anbau; auf dem Boden lag ein Wasserschlauch. Und über dem ganzen Graus schwelte der widerlichste Brandgeruch.

Polizisten und Feuerwehrmänner verwehrten den Schülern den Eintritt ins Innere des Schulhauses. Mich, die Lehrerin, liessen sie ohne weiteres passieren. Durch die unversehrt gebliebene Haustüre gelangte ich ohne

Hindernisse in mein Klassenzimmer. Es hatte wenig Schaden genommen. Nur die linke Ecke der Zimmerdecke, die an den ausgebrannten Nachbarraum grenzte, war zerstört, und auf dem Boden schwammen ein paar Kinderzeichnungen im Wasser herum. Der damalige Stadtpräsident Walther Bringolf und einige Herren vom Bauamt und von der Schulbehörde besichtigten den Schaden. «Das ist bei Ihnen gnädig abgelaufen», sagte der Schulpräsident zu mir. «Das Loch in der Zimmerecke werden wir heute noch zumauern lassen. Morgen können Sie wieder Schule halten.»

«Was, schon morgen?» fragte ich.

«Ich glaube gar», spasste Herr Bringolf, «Sie denken genau wie Ihre Schüler draussen: ‹So ein paar Wochen Feuerferien, das wär's!›»

«Nun, so ein paar Tage Ausruhen würde ich nicht verschmähen», entgegnete ich. «Aber ein paar Wochen? Ums Himmels willen, nein! Da brächte ich überhaupt keinen einzigen Schüler in die Realschule. Und natürlich würden wir inzwischen nur anderswo untergebracht... Da bescheide ich mich lieber mit einem einzigen Freitag und bleibe in der romantischen Ruine sitzen. – Weiss man schon, wie die Feuersbrunst entstanden ist?»

«Es scheint, dass der Brand vom grünen Kachelofen im Zimmer nebenan ausgegangen ist. Er war schon recht alt; doch die Feuerschau hielt es nicht für dringlich, ihn abzuschätzen. Es lohnte sich nicht, ihn zu ersetzen. Die Baracke wird nächstens abgebrochen, sobald man mit dem Bau der Strasse zur neuen Rheinbrücke beginnt.»

«Es ist wunderbar, einfach wunderbar», sagte ich.

«Wunderbar?»

«Ja, sehen Sie, meine Herren, es hat doch jeder Mensch als Kind einmal den innigen Wunsch, sein Schulhaus möchte abbrennen, damit es zu langen, langen Ferien komme. Ich war nicht besser als andere. Ich entsinne mich genau: In der ersten Klasse betete ich wochenlang um eine solche Feuersbrunst, obwohl ich im Grunde gern zur Schule ging. Aber lieber noch trieb ich mich mit dem Bruder und seinen Freunden in Wald und Feld herum. Nun, St. Florian geruhte nicht, meinen bösen Wunsch zu erfüllen. Erst jetzt, nach vierzig Jahren, beschert er der Lehrerin, was er einst dem Schulkind versagte. Egal, dass dabei nur ein einziger Ferientag herausschaut. Das Ereignis an sich ist unbezahlbar.»

«Sie sind und bleiben eine Dichterin», klang es scherzend zurück. «Wann erscheint Ihr nächstes Buch?»

«Es erscheint keines mehr», antwortete ich bestimmt. «Für kleinere literarische Arbeiten mögen meine Kräfte noch ausreichen, für ein grösseres Werk nimmermehr. Es käme doch nichts Rechtes dabei heraus. Lieber will ich eine gute Lehrerin als eine schlechte Schriftstellerin sein.»

«Schade um Ihre literarische Begabung», tönte es zurück. «Ihr erstes Buch war sehr schön.»

«Ja, mein erstes», antwortete ich nicht ohne Bitterkeit. «Aber was war es denn anderes als ein glücklicher Zufallstreffer, ein einmaliges Musengeschenk? Reden wir lieber nicht davon! – Hören Sie, wie die Kinder draussen toben? Ich denke, es wäre an der Zeit, sie für heute heimzuschicken.»

«Ja, tun Sie das sogleich und sagen Sie ihnen, dass ihr Schulzimmer morgen wieder bezugsbereit ist.»

\*

Buben und Mädchen machten lange Gesichter, als ich ihnen diese Botschaft ausrichtete. «Was, nur einen Tag Ferien? Nur einen einzigen Tag?» riefen sie enttäuscht. «Das lohnt sich ja kaum.»

«Und den Securitaswächter, der so schnell die Feuerwehr alarmierte», meinte der sonst so zahme Paul, «den sollte man ungespitzt in den Erdboden hineinschlagen!»

«Sei still, du», fuhr ihm sein Banknachbar Werner über den Mund, «und danke Gott, dass das Feuer nicht in unserer Bude ausbrach. Sonst kämen wir noch alle zusammen wegen Brandstiftung ins Loch. Denk an den überheizten Ofen von vorgestern!»

«Wenn wenigstens das Pult mit den Zeugnissen in der Feuerecke gestanden hätte», seufzte Marieli, «dann wären die blöden Milchbüchlein im Löschwasser untergegangen, und niemand hätte die verwaschenen Noten noch lesen können!»

Missmutig stiefelte es davon. Die übrigen Kinder verzogen sich ebenfalls, lachend die einen, murrend die andern. Und ich setzte mich in den nächsten Zug, der in den Klettgau fuhr – und suchte in den Sprachheften nach Fehlern, die ich gestern abend beim Korrigieren übersehen hatte.

Am andern Morgen war der zerstörte Dachstuhl mit Blachen zugedeckt und unser Zimmer wieder geflickt und aufgeräumt. Nur die Kiste mit meinen Erst- und Zweitklasspräparationen, die ich oben auf dem Estrich eingestellt hatte, war dem Feuer zum Opfer gefallen. Aber das betrübte mich nicht besonders. Das Arbeiten an der Mittelstufe gefiel mir von Jahr zu Jahr besser. So sehr ich meine Kleinen im Steig- und im Breiteschulhaus geliebt hatte, ich konnte mir den Weg zurück nicht mehr vorstellen. Die Erfahrungen der letzten Jahre hatten mich zur Überzeugung gebracht, dass das Unterrichten an höheren Klassen meinem Wesen eher entsprach. Es war ein wachsendes Verlangen in mir, Wissen zu vermitteln und gute Leistungen zu erzielen. Ich wollte der heranwachsenden Jugend die Augen öffnen für die Feinheiten und den Reichtum der deutschen Sprache, für die unzählbaren Wunder in der Natur, für das Werden und Wachsen unseres Vaterlandes. Und kein zweites Mal sollte eines meiner Schulkinder die Rhone aufwärts fliessen lassen.

Über den Schulhausbrand musste natürlich ein Aufsätzchen geschrieben werden; die Kinder wünschten es sogar selbst. In meinem Spassbüchlein lese ich soeben nach, was eine Schülerin dazu meinte:

«Man erzählte mir, im Zimmer nebenan sei der Ofen an die Decke geflogen und wieder hinunter.»

\*

Kurze Zeit darauf erfuhr ich, dass die brandbeschädigte Baracke im kommenden Sommer abgebrochen werden sollte und dass ich nach den Frühlingsferien eine sechste Klasse im Gega-Schulhaus führen würde. Geliebte Rabenplatzschulhaus-Romantik, fahre wohl!

*V. Teil*

## GELBHAUSGARTEN-KOMÖDIEN

Und so zog ich wieder einmal mit Knautsche, Strichlichkeitstabelle und einem inzwischen zum harmlosen Zeigestecken herabgemilderten Meerrohr in ein anderes Schulhaus der löblichen Munotstadt. Ich tat es ohne Begeisterung. Die Verpflanzung vom idyllischen Schulhäuslein am grünen Gestade des Rheins in die grosse Gelbhausgartenkaserne war hart. Hier hatte ich zwar eine gut eingerichtete Schulstube mit fliessendem Wasser und Zentralheizung, anständige Schulmöbel, eine moderne Wandtafel, eine Moltonwand – und sehnte mich trotzdem zurück nach Kohlenkisten und harzduftenden Holzbeigen im Korridor. Und hundertmal mehr nach den erquickenden Pausenspaziergängen dem Rhein entlang. Vorbei. Da sass man nun im Freistündchen in einem entsetzlich prosaischen Lehrerzimmer und diskutierte endlos Schulprobleme, oder man war im demokratisch geregelten Turnus zur Pausenaufsicht verurteilt. Unten im Rabenplatz hatten wir Lehrer uns nicht sonderlich um die spielenden Kinder bekümmern müssen; die kleine Schar kam sich auf dem grossen Platz vor der Baracke selten in die Quere. Hier aber wogten Hunderte von Knaben und Mädchen lachend, schreiend, brüllend durcheinander, gingen mit Fäusten aufeinander los, warfen Butterbrotpapiere auf den Boden oder rissen Äste von den prächtigen Bäumen im Schulhof. Und alle Augenblicke wurde jemand über den Haufen gerannt und musste mit blutender Nase oder zerkratzten Knien zum Abwart geführt werden, der gleichzeitig ein geübter Sanitäter war.

Oh, wie sehnte ich mich nach meiner pittoresken «Ecole buissonnière» mit ihrem unvergleichbaren Unterstadt-Charme zurück!

*

Sonst hatte ich keine Ursache zur Klage. Die Kollegen waren freundlich und hilfsbereit, die Zusammensetzung der Klasse befriedigend, ja erfreulich. Ein paar überdurchschnittlich Begabte sassen in den Knabenbänken, unter ihnen drei Lehrerssöhne, deren Väter mit mir der gleichen Meinung über die gemütsbildenden Werte der sechsten Elementarklasse waren. Auch Lukas und Bernhard, Sprösslinge eines Ingenieurs und eines Staatsangestellten, taten als Übersensible gut daran, den Eintritt in die Realschule um ein Jahr hinauszuzögern; Lukas ist Pfarrer, Bernhard Musiker geworden.

Mit der weiblichen Klassenhälfte konnte ich weniger Staat machen. Ein paar frühreife «Dämchen» gaben mir bald zu verstehen, dass sie lieber zu einem jungen

Lehrer als zu einer alten Trüdeltante in die Schule gehen würden. Man spürte, Eros zwickte und zwackte sie schon. Im Gegensatz zu ihnen rührte mich Alina, ein stilles, hochaufgeschossenes Geschöpf, durch ihre kindliche Herzenseinfalt. Sie hatte schlechte Augen und bat um einen Platz in der vordersten Mädchenbank, damit sie das Geschriebene auf der Wandtafel leichter entziffern könne. «Meine liebe Alina», sagte ich, «ich begreife deinen Wunsch. Aber bedenke, du bist einen Kopf grösser als alle übrigen Mädchen und verdeckst mit deiner Länge jenen, die hinter dir sitzen, die Sicht. Du solltest unbedingt so schnell wie möglich zum Augenarzt gehen, damit du zu einer guten Brille kommst.»

«Eine Brille nützt in meinem besonderen Fall gar nichts», erwiderte Alina betrübt.

«In deinem besonderen Fall? Nun machst du mich aber neugierig. Was ist denn mit deinen Augen los?»

«Mit den Augen gar nichts, aber mit dem beschädigten Hirn. Ich bin eben eine Zangengeburt.»

«Zangengeburt, Zangengeburt?» wisperte und kicherte es durch die Klasse. «Unsere Alina ist eine Zangengeburt. Hört, hört!»

«Zangengeburt, was ist das überhaupt?» rief der Knabe Noldi.

«Jetzt aber ruhig, auf der Stelle», wetterte ich. «Besser eine Zangengeburt als eine Missgeburt! Fragt zu Hause nach, ich bin kein medizinisches Lexikon.»

In der Pause versuchte ich Alina beizubringen, dass sie etwas sehr, sehr Unschickliches gesagt habe, so vor der ganzen Klasse.

«Nun, was ist denn dabei?» fragte sie und blickte mich verwundert an. «Es ist eine Wahrheit. Und Gott verlangt, dass wir die Wahrheit sagen.»

«Aber zur rechten Zeit und am rechten Ort, liebes Kind. – Weisst du schon, was du werden willst?»

«Nonne, das wünsche ich mir, solange ich denken kann.»

«Nonne», wiederholte ich überwältigt und dachte an meinen frommen Abaelard. «Du wirst eine wundervolle Nonne werden, Alina. Ich spüre es, du bist auserwählt.»

Fünf Jahre später sah ich sie tatsächlich in einer blauen Schwesterntracht durch Schaffhausen wandeln. Sie war als Novizin in einen französischen Orden eingetreten und lernte dort Säuglingspflege.

Und wieder fünf Jahre später stiess dieselbe Alina im weltlichen Gewand einen Kinderwagen über den Fronwagplatz, und drinnen im Wägelchen schlief ihr erster Sohn.

*

Kurz vor den Sommerferien begann mein grimmiger Kampf gegen die hautengen Röhrlihosen jener Schülerinnen, bei denen die altmodische Trüdeltante keine Gnade fand.

Rosita, eine von dieser Sorte, war klein und rund. Ihr Hinterteil wies enorme Dimensionen auf. Sie sah in Hosen einfach scheusslich aus. Als sie einmal vorne an der Wandtafel eine Rechnung schrieb, rief Noldi überlaut: «Gottfried Stutz, hat die einen feissen Arsch!» – «Noldi, vor die Türe!» donnerte ich ihn an. «So redet man in meiner Klasse nicht!»

«Wird wohl nicht unanständiger sein als die Zangengeburt der frommen Alina», bockte er zurück und verschwand mit Türzuknallen. Wütend rannte ich ihm nach und rief: «Eine Stunde Arrest, und zwar heute abend noch!»

In die Klasse zurückgekehrt, verkündete ich kurz und bündig: «Von morgen an sehe ich hier keine Röhrlihosen mehr, oder ihr könnt eure blauen Wunder erleben.»

Den Noldi liess ich bis vier Uhr im Gang stehen. Als alle andern Schüler weg waren, gab ich ihm ein Doppelblatt und sagte: «Ich will's gnädig machen mit dir, Noldi, weil du im Grunde kein übler Bursche bist, nur manchmal etwas rüpelhaft. Jetzt setze dich schön hin und schreibe mir nach Wunsch und Belieben ein nettes Aufsätzlein. Das Thema stelle ich dir frei.»

Was dabei in einer guten halben Stunde herauskam, habe ich bis heute aufbewahrt, ein mit allerlei ungelenken Blumenranken verziertes Geschreibsel mit dem überraschenden Titel: «Die Kuh». Ich gebe es buchstabengetreu wieder:

«Die Kuh ist ein Dickbäuchler wie mans so sagt, sie ist gross und fest gewachsen. Die Kuh hat ein tünes borstiges Fell und eine ledrige Haut zum Schutz des Körbers. Manche Leute verwenden diese Haut für Schulmappen und anderes. Sie hat zwei Augen, zwei Ohren, zwei grosse Nassenlocher und vier Beine und ein Mund, ein Schwantz und ein Milchäuter das sehr nützlich ist für den Mensch.

Die Haupt Nahrung der Kuh ist das Gras und Heu, Kuhmehl, zerhackte Rungeln und besonders schmekt ihnen das Salz. Der Bauer mischt es manchmal unter das Gras. Die Kuh ist ein Widerkäuer.

Ein Feind der Kuh ist sicher die Fliegen und Müken, die die Kuh am Sommer auf der Weide stechen und blagen das die Kuh ganz nervös wird. Es gibt auch noch andere Feinde die gefährliger sind, zum beispiel der Metzger und viele andere.

Die Kuh bekommt auch junge wie andere Tiere auch. Bei ihr ist es so, wenn die Mutterkuh ein Kälpchen oder ein Stierlein bekommt, dann bekomt die Mutter sofort eine Butter und das junge bekommt ein ganzes Ei samt Schahle. Das junge muss sofort getrocknet und mit Stroh zugedeckt werden. Die Mutter bekommt einen Gürtel um sich herum um sich zu stärken. Das junge kann in ein oder zwei Tagen stehen und selber die Milch der Mutter aus dem Eimer saugen.

Die Kuh ist verwand mit allen Wiederkäuern. Mit dem Maultier und mit vielen andern Tieren.

Ich sehe die Kuh als ein sehr nützliches Tier an. Doch leider sehen die Leute sie nicht als ein Kospares Tier an, dass sehr schade ist, finde ich.»

*

Schmunzelnd führte ich mir Noldis zoologische Betrachtung zu Gemüt, während der Verfasser dicht neben mir stand und mir über die Schulter guckte. «Es hat einen Haufen Fehler darin», sagte er. «Ich hab' halt grausig pressiert. Warum streichen Sie mir nichts an?»

«Weil's mich stören würde, Noldi. Rotstift verträgt sich nicht mit den Blumenranken rings um deine Arbeit, und schon gar nicht mit dem Inhalt deines Aufsatzes. Du hast Kühe gern?»

«Ja», sagte er mit Inbrunst, «schaurig gern. Ich gehe immer im Sommer und im Herbst zu einem Bauern in die Ferien.»

«Möchtest du selber Bauer werden?»

«Schon. Aber wir haben kein Geld für einen Bauernhof. Und immer Knecht sein? Danke schön!»

«Man kann Bauernhöfe auch pachten, sehr günstig oft.»

«Daran hab' ich gar nie gedacht. Das muss ich mir durch den Kopf gehen lassen. – Lieben Sie Kühe auch, Fräulein Blum?»

«Und ob! Stell dir vor, als ich noch ein ganz kleines Mädchen war, vielleicht sechs Jahre alt, musste ich einmal in der Traubenernte eine Kuh vom Weinberg nach Hause führen. Vielmehr, die Kuh führte mich. Die kannte den Heimweg genau. Ich trippelte, das Halfterband in der Hand, ganz einfach neben ihr her. Als sie vor unserer Stalltüre stand, begann sie laut zu brüllen. Da kam meine Grossmutter und band sie an ihren Krippenplatz. – Nun aber troll dich davon und mach inskünftig keine frechen Zwischenbemerkungen mehr.»

«Aber, wenn's mich einfach vertätscht?» knurrte er. «Weiber sollen Röcke tragen, besonders solche wie Rosita, das Fass!»

Allein, am andern Tag erschienen Rosita und ihre Busenfreundinnen Herta und Elvira wieder in Röhrlihosen. Ich machte kurzen Prozess und jagte alle drei zum Umziehen nach Hause. Widerwillig gehorchten sie und kehrten nach geraumer Weile zwar in Röcken, aber mit verdrossenen Mienen zurück.

Im Lehrerzimmer wurde mein Vorgehen scharf kritisiert. «Der Lehrer hat kein Recht», behaupteten die Kollegen, «Schülern und Schülerinnen Kleidervorschriften zu machen. Rechne damit, dass die Eltern der betreffenden Mädchen sich beim Schulrat beschweren und dass du einen Rüffel einfängst!»

«Ich lasse es darauf ankommen», sagte ich. «In meiner Schulstube bestimme ich, was anständig ist, was nicht. Rositas Hosen haben Noldi zu einer höchst unflätigen Zwischenbemerkung gereizt. Die Grenze des Schicklichen ist damit überschritten. Die Herren Stadtschulräte werden auf meiner Seite stehen.»

«Moralisch, ja. Aber nicht von Gesetzes wegen», erwiderte mein Zimmernachbar Ernst. «Die Zeiten der Sittenmandate, welche sich auch mit Kleidervorschriften befassten, sind vorbei. Wir leben nicht mehr im Ancien régime.»

«Und ihr habt alle zusammen keine Zivilcourage», entfuhr es mir. «Gebt doch nicht immer den Stecken so schnell aus der Hand!»

«Den entwindet uns die rasch vorwärtseilende Zeit von selber», entgegnete Ernst. «Das wirst auch du zu spüren bekommen, verehrte Marketenderin.»

«Marketenderin?»

«Genau. Dein Wort Zivilcourage erinnert mich an das schönste Schauspiel von Bert Brecht. Du hast etwas von einer Mutter Courage an dir. Man sieht dich förmlich den Planwagen über die Bühne ziehen. Du bist dreihundert Jahre zu spät auf die Welt gekommen.»

«Oder dreihundert Jahre zu früh», lachte ich.

In den nächsten Tagen wartete ich mit Spannung auf eine Rüge des Stadtschulrates. Aber es kam keine. Entweder hatten die Eltern der Hosenmädchen auf eine Klage verzichtet, oder meine Herren Vorgesetzten hatten sie stillschweigend unter den Tisch gewischt. Die

Sache verlief im Sande. Rosita, Herta und Elvira besuchten die Schule fortan in kleidsamen Sommerröcken und sahen darin hundertmal hübscher aus.

\*

Dann aber war wieder einmal eine Schulreise fällig. Und wie jedes Jahr, seit ich an einer sechsten Klasse Schweizergeschichte und Schweizer Geographie unterrichtete, musste es auf das Rütli gehen.

Ich beschloss, meinen Mädchen für die Dauer dieses Ausfluges das Tragen von Hosen zu gestatten. «Aber sie dürfen nicht hauteng sein», sagte ich. «Was geschieht, wenn unterwegs eine Naht platzt? Mit den sittenstrengen Innerschweizern ist nicht zu spassen. Die gehen unter Umständen mit Bengeln auf unanständig gekleidete Frauen los. Also: Hütet euch am Morgarten! Hosen – ja! Eng – nein!»

Sie versprachen mir hoch und heilig, meinen Wünschen zu entsprechen. Elvira, die vernünftigste von allen, sagte: «Ich werde dafür sorgen, dass Rosita eine ganz lange Bluse trägt, die ihr Hinterteil verdeckt. Sie kann eine von mir haben. Sie werden sich bestimmt nicht wegen uns schämen müssen, Fräulein Blum.»

Ich glaubte es bereitwillig. Elvira war nicht unzugänglich und übrigens die einzige, die auch in Hosen nett aussah. Sie war ein schönes Mädchen, gross und knabenhaft schlank gewachsen.

So begann ich mich auf die neue Rütlifahrt zu freuen, um so mehr, als diesmal meine fast achtzigjährige Mutter mitkommen wollte. Sie war körperlich und geistig immer noch erstaunlich frisch – und ihr Leben lang nie auf dem Rütli gewesen. «Es wäre zu schön», meinte sie, «wenn ich vor Sonnenuntergang noch zu einer gewissen ‹Grossen Wiege› käme, du weisst ja schon!»

Wir hatten einen strahlenden Reisetag. Keine Wolke stand am Himmel, als ich am frühen Morgen mit der Mutter in Schaffhausen eintraf, wo meine Schüler bereits in der Bahnhofhalle warteten. Ein Blick genügte, und ich wusste, was die Stunde geschlagen hatte. Mehr als die Hälfte der Mädchen stand in Röhrlihosen da, in sehr, sehr engen leider. Und was sie am Oberkörper trugen, war nicht viel sittlicher, tief ausgeschnittene Blusen oder furchtbar knapp sitzende Pullöverchen. Rositas Leibchen ging kaum bis zur Magengrube, und jedermann sah, dass sie darunter keinen Büstenhalter trug. «Sie wollte meine lange Bluse einfach nicht anziehen», sagte Elvira mit rotem Kopf.

Es war eine offensichtliche Verschwörung.

«Nimm's von der lustigen Seite», flüsterte mir die Mutter ins Ohr. «Mir zulieb! Ich will mir doch die erste und letzte Rütlifahrt meines Lebens nicht wegen einer dummen Mode verderben lassen!»

«Aber in diesem Aufzug zur heiligsten Stätte des Vaterlandes? Die Innerschweizer werden uns steinigen.»

«Dramatisiere nicht! Die biedern Innerschweizer haben sich bestimmt schon an allerlei gewöhnt. Glaubst du allen Ernstes, deine Schülerinnen seien die ersten, die in Röhrlihosen aufs Rütli pilgern?»

Allein, wir kamen nicht einmal bis in die Innerschweiz, da ging das Theater schon los. Bereits auf dem Bahnhof Zürich zeigten die Leute mit Fingern auf uns, und ein Dienstmann rief uns das schöne Wort «Schnallen» nach.

Mutter überhörte alles geflissentlich. Ich erstickte beinahe am mühsam unterdrückten Zorn.

In Flüelen stürzte sich die ganze Hosenmeute auf einen Kiosk an der Schifflände und staffierte sich mit riesigen, knalligen Sombreros aus. Die hatten zu ihrer übrigen Aufmachung gerade noch gefehlt! Während der Seefahrt auf das Rütli bekam ich allerlei zu hören. Jemand meinte, wir kämen aus dem Zürcher Niederdorf. «Und dass die Lehrerin so etwas duldet», sagte eine ehrwürdige Matrone zu einer andern und warf mir einen vernichtenden Blick zu. Ich tat schon den Mund auf, um mich zu verteidigen und zu erklären, dass meine Kleidervorschriften schlankweg missachtet worden seien. Aber Mutter zwickte mich abwehrend in den Arm. Mit der Weisheit des Alters sah sie lächelnd über Röhrlihosen und Sombreros hinweg, und ihre dunklen Augen weideten sich ungetrübt am kristallklaren Wasser des Sees und an den schönen Bergen, die sich in seinen Fluten spiegelten.

Als wir dann auf dem Rütli landeten, wischte sie ganz verstohlen zwei Tränen aus den Augenwinkeln. «Dass ich das alles so spät noch erlebe», sagte sie tiefbewegt, «dass ich jetzt mit meinen alten Füssen über den heiligen Boden schreite, hier, wo 1291 der Bund beschworen wurde! Ach, Kind, wie nichtig kommt mir da dein alberner Hosenärger vor!»

Während wir zur Schwurwiese emporstiegen, wich Alina nicht von Mutters Seite, trug ihr Jacke und Tasche nach und wollte sie beständig am Arm führen. Mutter wehrte lächelnd ab. «Du bist ein liebes Kind», sagte sie zu Alina, «aber siehst du nicht, wie leicht ich gehe in dieser herrlichen Bergluft? Weisst du, alte Leute geniessen jeden Schritt, den sie ohne Hilfe tun können. Sie vergessen dabei, wie weit der Zeiger ihrer Lebensuhr vorgerückt ist.»

Die Heimfahrt verlief ziemlich friedlich, abgesehen von ein paar kernigen Innerschweizer Flüchen, die man uns auf dem Bahnhof Schwyz nachsandte. Und zwischen Thalwil und Zürich setzte sich Noldi auf Rositas Sombrero. Er behauptete steif und fest, es sei aus Versehen geschehen. Natürlich glaubte ihm niemand, und die Buben hatten an dem «Täärtschen» ihren Heidenspass.

Am andern Tag kamen alle Mädchen wieder schön sittsam in Röcken zur Schule – und so weiter bis zu zu den Herbstferien.

\*

Doch vor ihrem Beginn hatte das Röhrlispektakel noch ein kurzes komisches Nachspiel.

Alle Jahre pflegte ich mit meinen Schülern Ende September über den Rossberg in den Klettgau zu wandern. Ich wollte durchaus jeder Klasse meine schöne Heimat zeigen. Meist gegen vier Uhr abends kamen wir jeweils im Unterneuhaus an. Unter dem Vordach des Hauses, in welchem ich zusammen mit meiner Mutter lebte, erquickte ich dann mein Schärlein mit frischem Apfelsaft. Darauf ratterten wir wohlgemut mit der DB nach Schaffhausen zurück.

So war es auch dieses Jahr geplant. Wir beabsichtigten, mit dem Tram nach Neuhausen zu fahren und von dort über den Aazheimerhof durch den Wald bis zur Radegg zu marschieren. Zwischen ihren romantischen Trümmern sollte aus dem Rucksack gegessen werden.

«Dürfen wir ausnahmsweise Röhrlihosen anziehen?» fragte Herta. «Es geht ja fast immer durch den Wald.»

«Meinetwegen», antwortete ich, «im Wald habe ich nichts dagegen. Aber ich dulde nicht, dass ihr in diesen grässlich engen Stössen durch unsere Dörfer wandert. Ich habe noch von der Schulreise die Nase voll. Ich stelle folgenden Antrag: Ihr Mädchen nehmt eure geliebten Hosen im Rucksack mit und zieht sie im Walde an. Erster Kleiderwechsel hinter dem Aazheimerhof, zweiter bevor wir nach Osterfingen kommen. Büsche gibt es überall, und ich werde wie ein Sperber aufpassen, dass kein Bub kiebitzt, während ihr euch umzieht. Und dass ihr mir dann schön manierlich durch Wilchingen spaziert! Ich will Ehre einlegen mit euch und mich nicht vor meinen vielen Vettern und Basen im Dorf blamieren. Für ‹Schnallen› oder Niederdörfler soll euch diesmal keiner halten. Einverstanden? Gut! Also Besammlung morgen im Schulzimmer, punkt acht Uhr.»

Sie schienen befriedigt. Aber etwas Störrisches in Rositas Gesicht gefiel mir nicht. «Die ist imstande und zieht mir zum Trotz doch wieder Hosen an», sagte ich in der Pause zu meinem Zimmernachbar Ernst. «Was dann?» Er überlegte nicht lange. «Ich begreife zwar», meinte er in seiner aufrichtigen Art, «deine wilde Auflehnung gegen eine Mode, die nun einmal im Anrollen ist, mit dem besten Willen nicht. Zugegeben, liebe Marketenderin, Dicke und Krummbeinige sehen in diesen Ofenröhren entsetzlich aus. Aber die Mode war zu allen Zeiten verrückt. Wie schamlos offenherzig präsentierten sich die Damen zur Rokokozeit und im Empire! Denk an das bekannte Bildnis der Madame de Staël! Doch jetzt geht es nicht darum, wie weit die neue Hosenmode anständig ist oder nicht, sondern um deine Autorität. Du hast ein klares Verbot aufgestellt; daran musst du dich halten. Sollte diese Rosita morgen wieder in Hosen erscheinen, bleibe hart und nimm sie unter keinen Umständen auf den Ausflug mit! Schicke sie zu mir herüber; ich werde sie am Vormittag und am Nachmittag schriftlich beschäftigen.»

Meine Vorahnung hatte mich nicht getrogen. Tatsächlich, Rosita präsentierte sich anderntags als einziges Mädchen in Hosen, und in was für engen! Ob sie einen Rock im Rucksack habe, fuhr ich sie an. Lässig schüttelte sie den Kopf.

«Das ist der Hammer!» rief ein Knabe namens Charly.

«Das haut dem Fass den Boden aus», fügte Bernhard bei.

«Wer regiert eigentlich in dieser Klasse?» erkundigte sich Freund Noldi, «Rosita oder Sie?»

«Vorderhand noch ich», sagte ich so ruhig wie möglich. «Aber da Rosita sich nicht anpassen will, darf sie den heutigen Schultag im Zimmer nebenan verbringen und sich dort schriftlich beschäftigen. Es ist alles schon abgemacht!»

«Ich will aber nicht, ich will aber nicht», rief Rosita und begann laut zu weinen.

«Sie soll doch schnell heimgehen und einen Rock anziehen», schlug Lukas vor. «Es fährt noch manches Tram nach Neuhausen, und wir kommen auch so früh genug auf die Radegg.»

«Aber ich kann doch gar nicht nach Hause», schluchzte Rosita. «Meine Alten sind fort. Die Wohnung ist abgeschlossen, und ich habe keinen Schlüssel.»

Alina streckte den Finger auf. «Ich wohne hier ja ganz in der Nähe», sagte sie. «Ich kann Rosita einen Rock von mir geben.»

«Aber, Mädchen», erwiderte ich, «du bist weitaus die Grösste in der Klasse, Rosita die Kleinste. Deine Röcke sind für sie viel zu lang.»

«Ich habe noch alte, kürzere», sagte Alina. «Einer wird schon passen, denke ich.»

Beide schoben ab. Als sie zurückkamen, brach die Klasse in ein Huronengebrüll aus; denn Alinas Halbrock fiel Rosita tief auf die Waden nieder. Und in der Taille war er viel zu eng und musste notdürftig mit mit Sicherheitsnadeln zusammengehalten werden.

«Das war leider mein kürzester Jupe», sagte Alina betrübt.

Rosita blickte mich feindselig an.

«Vielleicht möchtest du doch lieber im Zimmer nebenan einen Aufsatz schreiben?» fragte ich sie.

Dazu zeigte sie aber auch keine Lust. Sie zog es vor, in dem unmöglich langen Rock Spiessruten zu laufen, erst durch Schaffhausen und Neuhausen, später durch Osterfingen und Wilchingen. Herta und Elvira nahmen sie beim Gehen kameradschaftlich in die Mitte. Und Alina schritt unermüdlich dicht hinter ihr her und tarnte mit ihrer Länge so gut wie möglich Rositas Rückenansicht.

Beim Mittagessen zwischen den Mauern der Radegg setzte ich mich absichtlich neben Rosita und versuchte, sie in ein Gespräch zu ziehen. Es war nicht einfach. Anfänglich sagte sie nicht viel mehr als ja oder nein. Ich weiss auch nicht, ob sie wirklich begriff, was ich ihr über die Notwendigkeit und den Segen des Gehorchenkönnens beizubringen versuchte. Immerhin gestattete sie, dass ich ihr eine Orange schenkte. «Und nun, Rosita», sagte ich, «wollen wir alles, was zwischen uns liegt, vergessen und wieder gute Freunde sein. Willigst du ein?» Einen Augenblick zögerte sie noch, dann legte sie ihre Patschhand in meine ausgestreckte Rechte.

Am Waldrand über den Osterfinger Reben wanderten die Röhrlihosen wieder in die verschiedenen Rucksäcke zurück, und durch mein Heimatdorf marschierten lauter brave Rockmädchen. Die Buben gingen in strammen Viererkolonnen voran und sangen, was die Kehle hielt:

«Das Wandern ist des Müllers Lust,
das Wandern ist des Müllers Lust,
das Wa - an - dern!»

Auf dem Platz vor dem Hause, in welchem ich wohnte, liessen sie sich den herrlichen Süssmost schmecken und assen die letzten Brote aus dem Rucksack dazu. Danach tollten sie noch eine Stunde um meinen Garten herum und wateten barfuss durch den Seltenbach. Zwar ging dabei ein Kellerfenster in Brüche, und ein Pfosten meiner «Wöschhenki» wurde umgerannt. Aber das betrübte mich nicht sonderlich.

Ich war so froh, so froh, dass der Kriegszustand zwischen Rosita und mir vorüber war. Und vor Röhrlihosen hatte ich für den Rest des Schuljahres Ruhe. Heute, da so viele Frauen in Jeans und Hosenkleidern durch die Weltgeschichte wandeln, kann ich über meinen damaligen Röhrlihosenkrieg nur noch lächeln. Immerhin war ich nicht die einzige Schaffhauser Lehrkraft, die sich an dieser unästhetischen neuen Mode stiess, zumal die damaligen Jeans viel enger waren als die heutigen. Man konnte nicht einmal die Knie beugen darin. In verschiedenen Schaffhauser Schulhäusern wurde heftig darüber diskutiert, ob man das Tragen dieser Hosen während des Unterrichtes nicht generell verbieten sollte. Die älteren Lehrer wünschten es. Die jüngeren waren dagegen – und siegten auf der ganzen Linie. Und mit ihnen die Schülerinnen, die ihre Köpfe durchgesetzt hatten. Erstes Wetterleuchten der antiautoritären Schulführung?

*

Es war Winter geworden. Wir arbeiteten fleissig für die Realschulprüfung. Die fünf Vorrösslein auf der Knabenseite legten sich wacker in die Sielen und rissen mit ihrem Eifer auch weniger begabte Kameraden mit. Der weibliche Einsatz liess, wie vorauszusehen war, zu wünschen übrig. Am meisten strengte sich noch Elvira an. Rosita, die mir seit dem Picknick auf der Radegg keine Schwierigkeiten mehr bereitete, erklärte, die ganze Realschulkrampferei könne ihr gestohlen werden; sie komme bestimmt auch ohne sogenannte höhere Bildung zu einer knalligen Stelle als Serviertochter und verdiene dabei Geld wie Heu. Noldi, einst ihr erbitterter Widerpart, war im Hinblick auf die Realschulfrage gleicher Meinung. «Als Pächter auf einem Bauernhof», sagte er, «brauche ich kein Französisch und keine Algebra. Hauptsache, dass ich meine Kühe nach Strich und Faden melken kann.» (Gemolken hat er jedoch später keine einzige, wohl aber manches Stück Kuhfleisch gebraten und geschmort. Statt Landwirt ist er nämlich Koch geworden.)

\*

Bald nach dem Martinimarkt begannen die Schaffhauser Geschäftsleute, ihre Schaufenster weihnachtlich zu dekorieren. Ärgerlich nahm ich es zur Kenntnis. Nicht einmal die ersten Adventstage konnten abgewartet werden! Alle Kerzen- und Sternenfreude des schönsten christlichen Festes wurde vorzeitig versprüht, ins alltäglich Kommerzielle hinabgewürdigt. «Arme Kinder», dachte ich, «arme Kinder, welch echtes Weihnachtslicht kann euch am Heiligen Abend noch beglücken, wenn eure Augen jetzt schon übersättigt werden von all diesem frühen Talmiglanz?»

Und eines Morgens, während ich nachdenklich zur Schule wanderte, kam es blitzartig über mich: «Realschulprüfung hin oder her, jetzt will ich wieder einmal Schriftstellerin sein und für meine Sechstklässler ein Theaterstück schreiben, das ungeschminkt abrechnet mit diesem abstossenden Weihnachtsrummel, der gar nicht dem Kindlein in der Krippe gilt, sondern dem heidnischen Gott Merkur.

Das war die erste Eingebung für mein «Adventsspiel vom Geldsack».

Die Klasse nahm meine Idee mit Jubel auf, und wir machten uns sofort mit grossem Eifer an unser gemeinsames Werk. Und da ich nicht die Rollen nach den Personen eines bereits fertigen Stückes zu verteilen hatte, sondern umgekehrt das Spiel auf die Anzahl und die Fähigkeiten meiner Schüler abstimmte, ging niemand leer aus, und jedes einzelne Kind kam zu der Rolle, die ihm am besten angepasst war. Charly, der von seiner welschen Mutter nicht nur geistige Beweglichkeit, sondern auch eine charmante Veranlagung zu weltmännischem Auftreten geerbt hatte, eignete sich wie kein zweiter für die Gestalt des Weihnachtsrummelprofiteurs Geldsack, und Elvira hatte ihm als Sekretärin mit katzenfalschem Augenaufschlag manch überzähliges Gläschen Schnaps zu kredenzen. Was kümmert es sie, dass Whisky, Gin und Marc seine Gesundheit untergraben? Nur auf die reichen Geschenke des Prinzipals ist sie mit ihrer Liebedienerei erpicht, und mit Herzenskälte jagt sie die arme Hausiererin – Alina mimte sie mit unübertrefflicher Rührseligkeit – zum Kuckuck. Die übrigen Mädchen stellten Hausfrauen, Geschäftsinhaberinnen, Verkäuferinnen, Coiffeusen und Dekorateurinnen vor, alle gleichermassen angewidert von der Hektik dieser unheilig-heiligen Tage. Die Knaben stimmten als Metzger, Bäcker, Lehrer und Arbeiter in ihre Jeremiaden ein. Ein Pöstler seufzt über die Last seiner Pakete. Einem Pfarrherrn graut vor unzähligen Weihnachtspredigten. Und jedes weibliche und männliche Lamento endigt mit demselben Zweizeiler:

«Fürwahr, es sind gar böse Tage,
kein Geld im Sack – und nichts als Plage.»

In der Tat, es hat den Anschein, als ob St. Nikolaus, der zu Beginn des Stückes dem Erzengel Gabriel seine Betrübnis über den unchristlich modernen Weihnachtsbetrieb geklagt hatte, recht behalten sollte. Entmutigt sagt er nämlich zu seinem himmlischen Begleiter:

«Und jetzt, seid Ihr nun überzeugt,
dass rundherum der Teufel geigt
auf seiner Höllenviolin,
und reich und arm begleitet ihn?
Und Lug und Trug, Herr Gabriel ...»

Worauf ihn der Erzengel mit trauriger Gebärde unterbricht:

«Hör auf, es würgt mich in der Kehl'!
Ich fürchte, Niklaus, du hast recht,
die Leute treiben's gar zu schlecht!
Der Mammon ist ihr einz'ger Mangel
und Weihnacht nur ein Tingeltangel,
ein Narrentanz um Geldsacks Beutel.
Und von der Sohle bis zum Scheitel
wurmstichig und verlogen jeder,
die schönste Maid ein falsches Leder ...
Wer steigt denn dort die Gass' hernieder?
Komm schnell, verstecken wir uns wieder,
dort, hinter jenes alte Haus ...
Wir beide sehn zu seltsam aus. –
Und hast du Schriften? – Ich hab' keine.
Komm, Alter, schüttle deine Beine,
sonst steckt man uns am Ende noch
als zwei Verdächtige ins Loch!»

Kaum, dass sich die beiden verzogen haben, erscheint ein junger Künstler und hängt ein Krippenbild an die Mauer eines Hauses. Keiner, der vorübergeht, kann es übersehen. Und die gleichen Leute, die vor kurzem noch über die Unrast dieser «bösen Tage» murrten und knurrten, beginnen bei seinem Anblick über den eigentlichen Sinn des Weihnachtsfestes nachzudenken und bekennen am Ende:

«Fürwahr, man hat in diesen Tagen
zu danken viel – und nicht zu klagen!»

Hartgesotten bleibt lediglich Herr Geldsack, der regelmässig am Fenster seines Hauses erscheint und sich über die Vorbeigehenden lustig macht, ohne zu merken, dass der Teufel feixend hinter ihm steht. Denn seine Stunden sind gezählt. Bei einem ärztlich verordneten Spaziergang bricht er vor seinem Hause tot zusammen. Es kam, wie es kommen musste:

«Zu hitzig war sein Lebensmarkt.
Das Ende lautet: Herzinfarkt!»

Und Satan wirft durch das Fenster den prallen Geldbeutel unter die Herzueilenden und ruft:

«Da nehmt ihn hin, den Sündenlohn!
Herrn Geldsacks Seele hab' ich schon.»

Zum Erstaunen aller stecken aber nur alte Knöpfe im Ledersack. Und gleichgültig gehen die Genarrten weiter und lassen den Toten pietätlos liegen. Nur ein barmherziger Strassenputzer, grossartig durch Noldi verkörpert, und das Büblein Jakobli (von Anfang an hatte ich für diese liebliche Rolle Bernhard, den zukünftigen Musiker, vorgesehen) nehmen sich des jäh Verstorbenen an. Doch bevor sie ihn mühsam von dannen tragen, wendet sich der moralische Strassenputzer ans Publikum und mahnt:

«Seht, Leute, seht, so nimmt das Laschter
sein Ende auf dem Strassenpflaschter!»

Ja, «Pflaschter» und «Laschter» sagte er beharrlich; das reine schriftdeutsche st wollte dem Liebhaber der Kühe und Verächter weiblicher Röhrlihosen durchaus nicht über die Lippen. Zu unserem allgemeinen Vergnügen; denn Noldis mundartliche Aussprache verlieh dieser grotesken Szene ihre ganz besondere Würze.

Jakobli aber, der reine Tor, kniet vor dem Krippenbild nieder und betet:

«Du heil'ges Kind, dich bitt' ich sehr,
straf doch Herrn Geldsack nicht zu schwer
mit Finsternis und Höllenbann,
streich ihm nicht alles Böse an!
Zum Himmel lenke seinen Lauf,
tu ihm ein Hintertürlein auf,
lass ihn in jenes Ecklein schlüpfen,
wo die bekehrten Böcklein hüpfen.
Vielleicht kann er für seine Sünden
dem Niklaus helfen Ruten binden!
Amen!»

\*

Ich schrieb das Spiel in wenigen Tagen nieder, am Feierabend, im Zuge, manchmal auch während des Schulunterrichtes, wenn die Kinder schriftlich arbeiteten. Die Verse flogen mir in solcher Schnelligkeit zu, dass ich kaum Zeit fand, sie rechtzeitig festzuhalten.

Es war wie ein Dammbruch. Nach elf Jahren Schuldienst nahmen die Musen mir gebieterisch Rotstift, Meerrohr und Strichlichkeitstabelle aus der Hand. Beschwingten Herzens kostete ich die Wonne, wieder einmal meinen innersten Neigungen zu frönen und dichten, dichten zu dürfen. Und die Schulmeisterin in mir jubelte über die begeisterte Mitarbeit der Schüler, die mir beratend zur Seite standen, Vorschläge für die Verteilung der Rollen machten und sogar beim Reimen halfen. Ja, auch die einst so widerborstigen Hosenmädchen setzten sich munter ein, und alle zusammen waren wir in dieser unvergesslichen Adventszeit ein Herz und eine Seele. Das Geldsack-Erlebnis wurde zum leuchtenden Höhepunkt meiner ganzen Lehrgottenzeit.

*

Als kurz nach dem Niklaustag die Niederschrift fertig war, begannen wir mit dem Auswendiglernen und Proben der verschiedenen Rollen. Auch die Kulissen stellten wir selber her. Das Schulzimmer war zum Glück sehr gross. Wir fanden für die anspruchslose Szenerie in seinem vorderen Viertel Platz. Städtische Häuserfassaden wurden auf riesige Kartonflächen gemalt und danach auf standfeste Holzrahmen genagelt. Kollege Ernst stellte uns für das Geldsack-Haus seine Kasperle-Wand zur Verfügung. Dessen Spielöffnung diente als Fenster, durch welches Herr Geldsack auf die Passanten niederschaut und sich über ihr Gejammer lustig macht.

Die kleinste Sorge bereitete uns die Kostümfrage. Weisse Schürzen und bunte Arbeitskittel für die Mädchen, gestreifte Berufsblusen und Überkleider für die Knaben liessen sich mühelos beschaffen. Die Lehrer mussten Brillen auf den Nasen und Mappen unterm Arm tragen, der Pfarrer etwas talarartig Schwarzes mit weissen Bäffchen darüber. Barett und Samtjacke markierten den Künstler. Der Erzengel Gabriel wurde in ein altes, weisses Nachthemd gesteckt, Sankt Nikolaus stilgerecht mit Kuderbart und rotem Mantel ausstaffiert. Jakobli sah in blauem Russenkittelchen und roter Zipfelmütze allerliebst aus. Und Noldi, in hohen Stiefeln gewichtig daherstapfend, stellte mit Dächlikappe und Besen den vollendet echten Strassenputzer dar. Für Charly, alias Geldsack, trieben wir ein Minifräcklein und eine kleine Melone auf. Mit unterlegten Diwankissen verhalfen wir ihm zur bedenklichen Leibesfülle des masslosen Schlemmers und Prassers. Die weichen Polster kamen ihm sehr zustatten, wenn er bei den Proben tot umfallen musste. Zum Glück war er ein gewandter Turner und verfügte über eine unglaubliche Geschicklichkeit, steif wie ein Stück Holz hinzuschlagen, ohne sich dabei weh zu tun. Rosita und Herta kreischten jedesmal.

\*

Eine Woche vor Weihnachten waren wir für die erste Aufführung unseres Spiels gerüstet. Zur Premiere luden wir die Eltern ein, danach alle Gega-Klassen. Auch aus andern Schulhäusern rückten viele Kinder mit ihren Lehrern an. Ich darf wohl sagen, dass jedermann des Lobes voll war, sogar der nüchterne Herr Schulinspektor. Er verlor kein einziges Wort des Bedauerns über die vielen Stunden, die wir «Herrn Geldsack» geopfert hatten. Vielmehr gab er der Hoffnung Ausdruck, dieses mein erstes Schultheater möchte nicht das letzte sein.

*

Aber das Schicksal hatte es anders beschlossen, und des Schulinspektors Wunsch durfte nicht in Erfüllung gehen. Dreiviertel Jahre später lag ich als Schwerkranke im Kantonsspital, Opfer jener bösartigen Krankheit, vor der mir seit Jahren bange gewesen war.

Hatte meine unüberwindliche Angst das Übel magisch angelockt? Oder war ich zusammengebrochen unter der zermürbenden Spannung zwischen Beruf und Berufung, nämlich zwischen dem aufrichtigen Verlangen, eine tüchtige Lehrerin zu sein, und dem geheimen Wunsch, eines Tages doch wieder ein gutes Buch schreiben zu können? Denn die literarische Kleinarbeit am Schreibtisch befriedigte mich auf die Dauer nicht. War es denn wirklich ausgeschlossen, gleichzeitig ernsthaft dichten und unterrichten zu können? Jakob Bosshart, Otto von Greyerz, Simon Gfeller hatten die Kunst fertiggebracht, im besten Sinne beides zu sein, Lehrer und Dichter. Und ich? Eine geheime Stimme warnte mich vor diesem strengen und anspruchsvollen Doppelwerk, so wie Hölderlin es in einem erschütternden Brief an seine Mutter schrieb:

«Es hat es mancher, der wohl stärker war, als ich, versucht, ein grosser Geschäftsmann oder Gelehrter im Amt und dabei Dichter zu sein. Aber immer hat er am Ende eines dem andern aufgeopfert, und das war in keinem Falle gut, er mochte das Amt um seiner Kunst willen oder seine Kunst um seines Amts willen vernachlässigen; denn wenn er sein Amt aufopferte, so handelte er unehrlich an andern, und wenn er seine Kraft aufopferte, so sündigte er gegen seine von Gott gegebene natürliche Gabe, und das ist so gut Sünde und noch mehr, als wenn man gegen seinen Körper sündigt.»

Nun hatte eine höhere Macht mich befreit von der Versuchung, zwei Herren zu dienen, ein Unterfangen, dem schon der Evangelist Matthäus misstraute. Die Krankheit bewahrte mich vor dieser gefährlichen Zweigleisigkeit. Sie gab mir die volle Freiheit am Schreibtisch der Schriftstellerin zurück. Aber um welchen Preis? Von Anfang an wusste ich um die Fragwürdigkeit einer endgültigen Genesung und dass jedes zeitweilige Wohlbefinden nur Aufschub war. Doch dankbar empfing ich jeden guten Tag als ein Geschenk von oben und freute mich stets von neuem, wenn er mir ein fruchtbares Arbeiten gewährte. Und es wurden mir viele, viele solcher Gnadentage zuteil. So kam es, dass mein erstes Buch nicht das einzige blieb, zu dem ich heute mit ganzem Herzen ja sagen kann, und es wurde mir vergönnt, noch manche schöne Kunstreise zu machen und das Phänomen Irland – wie ich es mir einst vor dem keltischen Kreuz im Friedhof hinter dem Steigschulhaus ersehnt hatte – in fünf Studienfahrten bis zur Neige auszukosten.

Was begehre ich mehr? Ich blicke vom Krankenbett aus durch das weit geöffnete Fenster zum nahen Waldrand empor, sehe dem Flug der Schwalben zu, atme würzige Heudüfte ein... Friede und Dankbarkeit erfüllen mich, schieben mit sanften Händen die schwarzen Wände der Angst beiseite. Und wie aus weiter, weiter Ferne höre ich Lynkeus den Türmer rufen:

«Ihr glücklichen Augen,
Was je ihr gesehen,
Es sei, wie es wolle,
Es war doch so schön!»

\*

Beendet am Sonnwendtag 1975.

Weitere Werke von Ruth Blum:

## *Blauer Himmel – Grüne Erde*

Leinen   276 Seiten   8. Auflage

Eduard Korrodi schrieb darüber in der «Neuen Zürcher Zeitung»: «Etwas so Liebliches wie diese Kindheitserinnerungen fällt einem nicht alle Tage in die Hände», und Hermann Hesse meinte in einem persönlichen Brief an die Verfasserin: «Die deutschschweizerische Dichtung ist nicht reich, man findet selten eine Prosa, die ohne Krampf und Überanstrengung geschrieben ist. Da ist Ihr Buch eine erfreuliche Erscheinung.»

## *Die Grauen Steine*

Leinen   470 Seiten

Sonderausgabe   4. Auflage

Ruth Blum gibt in ihrem Buch ein packendes Bild ihres Lebens und der Jahre 1930 bis 1950 in der Schweiz. Das Geschehen der Vorkriegs- und Kriegsjahre berührt jede Familie und wird so zum Erinnerungsbuch weiter Volkskreise.

## *Und stets erpicht auf Altes*

*Irlandfahrten*

Leinen   244 Seiten   1. Auflage

Die «Neue Zürcher Zeitung» schreibt: «Dem Leser kann das Gefühl, mit dabei gewesen zu sein, nicht genommen werden, zu sehr hat ihn diese lehrreiche und lebendige Reisegeschichte in ihren Bann geschlagen.»

## *Die Sichel*

*Novelle*

Leinen   148 Seiten   2. Auflage

«Die Tat»: Die Erzählerin hat mit ausgereifter Meisterschaft von den sich ihr anbietenden Wirklichkeiten Gebrauch gemacht und ein Erzählwerk geschaffen, dessen Gehalt jeden angeht, dem die letzten menschlichen Probleme nicht gleichgültig sind.

Otto Basler

**VERLAG PETER MEILI**
**CH-8200 SCHAFFHAUSEN / SCHWEIZ**